死を巡る知の旅

野村朋弘

ブックデザイン　アルビレオ
DTP　カレイシュ

はじめに

死にまつわる本は、とても多い。書店に行けばコーナーがあるほどだ。かくいう本書も、死に関する歴史についてまとめたものである。

多いということは、とりもなおさず、死について興味関心のある方が多いということだろう。本書を手にとってこのはしがきを読まれている、あなたもその一人といえる。

なぜ人は死に関心を抱くのか。生きとし生けるものに、いつかは必ず終焉が訪れる。即ち「死」である。愛する者の死、また自らの死。人間である以上、我々は死から逃れることはできない。年齢を重ねるうちに、死は近づいてくる。

こうした死を表象する具体的なものとしては、死に近づきやつれた姿や、死した躰《からだ》であろう。

しかし、今日においては、死に対するイメージはどこか遠ざけられている感がある。例えばテレビや新聞などでは事故や事件などで死について報道することはあっても、死を直接的に見せることを避けている。また病床の家族も自宅ではなく病院で死を迎えることが多くなった。つまり死そのものを表象するものに接する機会は、過去に比べれば少なくなっているといえるだろう。死に対するリアリティが少なからず闕如《けつじょ》しているのだ。様々な事由があるにせよ、毎年の自殺者は3万を超える現状があり、そんな時代を背景に、死に対する知識を得ようとする人が、増えているのではあるまいか。

私自身がいつ死に興味を持つに至ったか、まずは自らの経験についてお話ししたい。

祖母が、私が小学1年生のときに亡くなった。長らく入院生活を送っていたが、幼い私にとって、人は死ぬものだと認識するには至っていなかった。しかし、ある日、学校から帰宅すると知らない大人が幾人かおり、何かが横たわって布がかけられている。

それが祖母だった。ああ人が死ぬとはこうしたものかと頭で理解したものの、あまり自分には関係がないと思ったことを覚えている。

翌年、秋のある日、私は友達と自転車で遊びに出掛けた。出掛けたことまでは覚えているが、次に記憶があるのは、病院のベッドの上だ。

ベッドの脇に座り、私が目を覚ましたことを泣きながら喜ぶ母から聞いたところによると、交通事故にあったのだという。コンクリート塀に頭を打ちつけたらしい。あくまで伝聞のため、「らしい」としか言えない。言い聞かされても、全く記憶もないので、恐怖を感じることはなかった。しかし、死とはよそ事ではなく、自分にも降りかかる、身近なものなのだと妙に得心したことを覚えている。

以来、無事に生きて今日に至るものの、師の一人が突然亡くなられたり、敬愛する人の死に少なからず遭遇してきた。今では死とは意外なほどに近い存在だと思っている。

高校を卒業したあとは、公務員をしつつ大学に通い、歴史学を学ぶようになった。専門分野の中世政治史のみならず、広く史料の海に沈んでいると、古代から近代まで、戦争や天災、また医療技術の未発達により、今日よりも死は身近であったことが縷々《るる》垣間見える。人々は死に際して極楽往生を願い、神仏に帰依する様々な物語が伝えられている。また送り出す生者の側がどのように供養をしたのかも、多く記録が遺されている。そんな史料を読むことによって、死に対してどのように相対したのか、リアルな姿が浮かび上がってくるのだった。

私自身の研究分野が歴史学ということもあり、本書は日本人が過去から死をどのように捉え、受け入れてきたか、死生観の変遷などを中心にまとめている。古代から現代までの死にまつわる歴史を紐解くものといえよう。

なお、用いた史料については可能な限り現代語訳をつけ、過去に生きた人々がどのように感じたかを、わかりやすく述べたつもりだ。しかし、漢文だからこそ、感じられるニュアンスもある。そのため、史料と現代語訳は並記した箇所もある。

先に、今日では死の表象は、どこか遠ざけられている感があると述べた。しかし、

2011年の東日本大震災に際し、多くの死があり、かつまた、福島第一原発の人災もいまだ解決の糸口を見いだせていない。未曾有の大震災では、好むと好まざるとに関わらず、人は死に相対しなければならない。熊本の地震も同様である。

我々は生者である以上、死から逃れ得ない。隣人、または自らの死をどのように迎えるのか。死んだあと、どのように供養するのかといった課題も存在する。そんな思考の手立ての一つとして、歴史を知ることは決して無意味なことではないだろう。我々の祖先は、どのような死生観を持ち、死に際して何を願ったのか。歴史を紐解くことによってのみ、知り得ることは少なくない。本書が死に相対する時の思考の一助となれば、望外の喜びである。

なお、道標代わりに各章の概要を示しておこう。章ごとに完結した内容にしているので、興味関心に合わせてお読み頂ければと思う。

1章　昔はもっと死が身近だった……人類にとっての死の概念や文化について。また日本における葬送の意識の時代的画期を紹介する。

2章　極楽と地獄はいつ生まれたのか……日本人の死生観の一つの到達点である「極楽と地獄」。それがいつ生まれたのかを見つめる。

3章　極楽への旅……四方の浄土への旅。熊野詣でなど、極楽へ行きたい人間の旅について紹介する。

4章　生きている者のための葬送儀礼……葬送儀礼の変遷。いつから位牌や戒名は生まれたのか。葬式はいつから行われるようになったのか。

5章　死者を弔う墓・墓石・墓地のはなし……墓石はどのように変化したか。また墓地はどのように形成されたのかを考える。

6章　死を見送る人……友人の僧侶に、日本人にとっての死について、見送る側からの見方、考え方を聞き取り調査しまとめた。

7章　死は誰のものか……現代の寺院・墓事情や、自身が行う終活事情などについて考える。

それでは、はじめよう。

筆者

目次

1章

昔はもっと死が身近だった

死者を弔う気持ちは人間だけのもの

「ジャランポン祭り」、別名「お葬式祭り」と呼ばれる奇祭をご存じだろうか。埼玉県秩父市下久那《しもくな》で行われている祭である。毎年、3月15日に近い日曜日に行われるこの祭は、別名の通り、お葬式を擬似的に行う祭礼である。

場所は下久那の公会堂。江戸時代までは寺院があったが、廃仏毀釈（仏教排斥運動）によって廃寺となり、現在では公会堂として利用されている場所である。夕方の17時前後になると祭の参加者達が公会堂に集まり、まず即席の祭壇を造る。位牌には「悪疫退散居士」とある。死者役となる人物が白装束を着てお棺に入る。この白装束も経帷子《きょうかたびら》の本格的なものだ。次に僧侶役の人が即席でお経をあげ、実際のお葬式と同様に執り行う。その中で注目すべきは、死者の役となる人物が棺で寝ているだけではないということだ。酒も飲む。僧侶役や参加者も同様だ。単なる葬儀を執り行っているように見せながら、実にコミカルに儀式は進む。

お葬式を一通り終えると、諏訪神社まで葬列を作り向かう。諏訪神社で祭典を執り行い、死者は再生する。また公会堂へ戻り壇払いの儀式や十三仏（初七日から三十三回忌までの法事で本尊とされる仏）を唱え、祭は終了する。

なぜ、ジャランポン祭りと呼ばれるのか不明だが、祭事の際に鉦《しょう》や太鼓が鳴り響く様を指すのかもしれない。ともあれ、最中は笑いの絶えない祭礼である。元は疫病が発生した際に諏訪神社に人身御供を献じたという故事によるものとあるが事の始めは不明であり、無病息災を願った祭として何十年と続いている。規模は町内会のコミュニティ程度のものながら、こうした奇祭が維持されている。

死を忌避しがちな現代日本においては、一見不謹慎と取られかねない祭だが、改めて考えてみると、昔はもっと死が身近であったといえるだろう。

ジャランポン祭りを事例として考えてもわかる通り、死を忌避するような考え方は日本古来の固定概念では決してない。

まずは死生観と供養について考えてみよう。

生物において「死」を理解しているのは、人間だけだといわれている。そのため、自分の死や他者の死について思う死生観があり、死者を弔う供養がなされているのは人間のみといってもよい。

とはいえ死後の世界、または魂が死後どのようになるのか、といった認識は民族や宗教によって様々である。日本も同様に独自な認識があるものの固定概念として不変かといえば否である。その点は強く強調しておきたい。日本人が古来から積み重ねた、死に対する独自の考え方は、時代を経て変化しているのである。

日本古来という言葉は「伝統」と捉え直してもよいだろう。伝統とは何か。小学館の『日本国語大辞典』を開くと、「古くからの、しきたり・様式・傾向・思想・血筋など、有形無形の系統をうけ伝えること。またうけついだ系統。」とある。実際、日本は古来より続く「伝統」を重んじている国柄があると思いがちだ。死生観に繋がる「もののあわれ」であったり、平家物語の「諸行無常」であったり。この他、古典的な文化から身近なものまで、日本では「伝統」という言葉が溢れている。しかし、立ち止まって考えて欲しいが、「伝統」とは一体何か。「伝統」はいつから伝統たり得るのだろうか。

民俗学者の新谷尚紀《しんたにたかのり》は、文化の変遷について「三波伝承」という仮説モデルを提唱している。「創生」→「大衆化」→「伝統」がエンドレスに続くものだ。

例えば供養について考えてみよう。近世までの社会において、地域社会や集団といったコミュニティでは相互扶助によって供養の儀礼が行われてきた。それが明治維新を経て、近代化・西洋化の波を受け、都市民や上流階級が、西洋の習俗を取り入れる。→「創生」次に都市民や上流階級が行っている供養が民衆にも伝播していく。→「大衆化」大衆化された文化は「伝統」として後世に引き継がれるのである。葬儀の際の服装などがわかりやすい例だろう。近世までは白をベースとした服装だったが、近代になってからは黒がベースとなる。今日で親族の葬儀に際し白のスーツ・着物を着て出席すれば、白眼視されることだろう。他者の死に対し悼み、供養する心は不変でも、そのしきたりや様式は決して固定されたものではなく、少しずつ変化している。

こうした「三波伝承」といった波は、近世・近代に限らず、どの時代、地域性や階層によっても存在し、変化しているといってもよい。伝統とはすべてが固定的なものではなく、変化していくものなのだ。

宗教が生まれる

さて、こうした死生観や供養といった死に関わる研究はいつからスタートしたのか。調べてみると、意外と古いことではなく、近代になってからである。

本来、死について考えるのは宗教の役割であった。そのため、ギリシア哲学でも死は最初から除外されている。それは死は生者が知り得ない絶対不可知だからだ。医学も生命の研究のみで、死についての研究を行っていなかった。日本においては、近世の国学者である平田篤胤《あつたね》（1776〜1843）らが霊魂の研究を行ってはいたものの、死を直接に考察してはいない。更にいえば今日的な概念である「宗教」がそもそも日本には存在しなかった。江戸時代までは信心や仏門・宗門・帰依などと記され、宗教という括りは明治になってから西洋の概念として輸入・翻訳されたものだ。

話がいささかそれてしまったので、死にまつわる研究史に戻ろう。

死を学問領域としたのは社会学者が初めてである。フランスのロベール・エルツ（1882〜1915）が1907年に著わした「死の宗教社会学—死の集合表象研究への寄与」（後に『右手の優越—宗教的両極性の研究』に所収）がある。ロベール達が初めて死を学問的な「問い」としたといえるだろう。

日本では民俗学という学問領域を生み出した泰斗《たいと》が、死についての研究を始めた。折口《おりくち》信夫《しのぶ》（1887〜1953）が昭和4年（1929）に発表した論文「国文学の発生」や、柳田國男（1875〜1962）が昭和20年（1945）に発表した「先祖の話」などはその魁《さきがけ》である。民俗学とは、日本全国に遺された地域の伝承文化を集めて分析するもので、大きな枠組みでは歴史学の一つだろう。そうした学問領域の中で、死の文化に関する研究はスタートし、今日では盛んに研究されている。

死を理解するのは生物の中で人間のみであると先に述べた。それは「死」とは単なる事実ではなく概念として捉える必要があるためである。例えば類人猿であっても、死躰の処理はする。しかし死躰に対して特別な考え方や行動をとることはない。ある霊長類を研究する方の話では、猿も犬も猫も、仲間の死躰を処理することはないという。猿や犬の子が死に、母が子を悼む姿がテレビなどで紹介される。しかし研究上でいえば、単純な類推で判断するのは間違いであるという。

死に際して、特別な考えや行動をとるということは、死を理解し概念化しているということなのである。これこそ人間特有の文化といえるだろう。

今日では、「死」とは3万7000年から3万5000年前に発見されたと考えられている。死躰に対する処理がスタートしたのがその頃だからである。例えば死者の顔などを赤く塗ったり、装身具をつけて埋めるなどの「葬送」が始まっている。

人間が死を理解したことは、逆にいえば生を発見したともいえるだろう。生きることと死ぬことを対比的に考え出せるようになる。そうしたことによって、死に対する恐怖や不安が生まれ、更には他界概念も芽生える。死に対する恐怖感や不安を救済するため、宗教が誕生した。

では日本人は、どのような他界概念を持っているのだろうか。勝田至編『日本葬制史』「葬送と墓制の歴史をどうとらえるか」に拠ると、大きく4つに分類される。

①行く先は存在しない。消滅する。唯物論的な考え方。

②この世とは隔たった別世界へ行く。黄泉の国、地獄・極楽など。
③輪廻転生してこの世界の別の生物または人間となる。死者は前世のことは忘れる。
④目には見えないが、この世界のどこかにいる。墓にいるというのもその一つ。

特に③は今日ではあまり信じられていない考えかも知れない。また④は、秋川雅史の謡った「千の風になって」が該当するだろう。歌詞にある、

私のお墓の前で泣かないでください
そこに私はいません
眠ってなんかいません
千の風に
千の風になって
あの大きな空を
吹きわたっています

などは、まさにこの世のどこかにいると伝えている。

そうした他界概念が変化していく中で、死や死躰に対する感覚や態度といったものも変

化しているといってよいだろう。これも『日本葬制史』では大きく4つに分類している。

①死の先が不明であることによる死自体への恐怖。
②死者が腐敗することへの嫌悪。
③死者の霊魂に対する恐怖。
④死体に取り付くとされる魔物などへの恐怖。

①は死を理解しているものが、誰しも感じる漠然とした恐怖感だろう。②については、知識として理解はしていても、葬儀のあと火葬してしまう現代において実際に直視する機会は少なくなった。③の霊魂に対する恐怖は、減少傾向にあるだろう。むしろ死者はこの世の家族を見守る守護霊的な存在として考えられるようになっているのではないか。

④についても減少傾向にあるだろう。

また全国各地に遺る「猫が死躰を跨ぐと動き出す」などといった俗信を信じている人も少なくなっただろう。こうした俗信も含めて、死や死躰に対する感覚や態度は、葬送儀礼や墓制の在り方によっても影響を受けている。

平安時代の絵巻から

死や死躰に対する感覚や態度に多大な影響を与える葬送儀礼についてみてみよう。日本のみならず、世界規模でも様々である。

昭和6年（1931）に中山太郎（民俗学者）が著わした『本朝変態葬礼史』をみると、葬法としては土葬・火葬・水葬・風葬・空葬がある。

火葬は仏教文化が日本に導入されてから行われたもので、土葬は近代の廃仏毀釈運動の中、神葬祭《しんそうさい》（神道式葬儀）とともに行われるようになったものの、土地が足りなくなりすぐに頓挫している。また水葬は今日では馴染みが薄いが、古代・中世においては行われていた。『万葉集』の「沖つ国うしはく君の塗り屋形《やかた》、丹塗《にぬ》りの屋形神の門《と》渡る」（巻十六、題詞は「怕物歌三首」、歌番号は3888）は水葬の風景を詠んだものだ。また紀伊国（現在の和歌山県）の熊野では、死者を菰《こも》に包んで海に投じる補陀落渡海《ふだらくとかい》が古代から近世にかけて行われていた。

空葬も水葬同様、なかなかイメージがわかないかもしれない。別名を樹葬といい、棺を高く樹木につるして行うものだ。京都の嵯峨清凉寺にほど近い八宗論池《はっしゅうろんち》のそばに棺掛桜《かんかけさくら》と呼ばれる桜があるという。この空葬の姿は空海の伝記絵巻である『弘法大師行状絵巻』にも登場する。

現代の日本では火葬が中心であり、葬送の種類として墓に入れる他、散骨をする場合もみられる。

また、琉球諸島の基本形態として知られる洗骨なども葬法としてあげられる。洗骨は琉球諸島のみならず中国や朝鮮半島、東南アジアなどでも行われるもので、死後に土葬や風葬を行った遺骸を一定期間が過ぎた後に、骨を洗浄して改葬するものだ。沖縄の亀甲墓では、中央に棺を安置し、左右に洗骨した遺骨を納める。

世界規模で他の葬法をみてみると、チベットの鳥類に遺躰を食べさせる鳥葬や、モンゴルの野犬やオオカミに遺躰を食べさせる葬法などもある。一見、残酷に思われるかもしれないが、きれいに食べられると大地に帰ることができると信じられている。

遺躰をどのように葬るのか。方法の種別を述べたところで、葬送儀礼の変遷について、改めて考えてみたい。前述の新谷は、『お葬式　死と慰霊の日本史』で葬送の変遷の画期として3つをあげている。

「畏怖と祭祀《さいし》」

「忌避と抽出」

「供養と記念」

新谷の研究に学びつつ、時代順にみていこう。
「畏怖と祭祀」の時代とされるのは、縄文時代から古墳時代までである。この時代、遺躰と死霊は不可分の存在とされ、ともに畏怖と祭祀の対象となった。縄文時代から古墳時代までの葬送儀礼で代表的なものでは古墳祭祀があげられるだろう。

この時代の特筆すべき葬送儀礼としては、殯《もがり》（遺躰を埋葬するまで棺に入れてとむらうこと）の風習がある。「喪屋《もや》」が造られ死者を本葬する前に遺躰を安置し、別れを惜しむと同時に霊魂を畏れ、慰める。そして遺躰が腐敗するのを確認して「死」を受け入れるものだ。この殯の期間は王となればとても長い。『日本書紀』巻第二十九・三十の天武天皇の葬送記事を見ると、殯の期間は朱鳥元年（686）9月9日から同3年（688）11月11日までと2年に及ぶ。その間、殯宮《もがりのみや》（『万葉集』では「あらきのみや」という）では花蔓、食膳、新嘗（新しく採れた穀物）を供した。人々は哭泣《こっきゅう》し、歌舞を披露し、死者の功績を讃え、哀悼する誄《しのびごと》を述べた。この誄と同様に死者の生前の業績を讃え奉られた称号を諡号《しごう》という。「天武天皇」の「天武」がそれにあたる。

日本では殯の儀礼を整えていく中で、中国の儀礼を導入していく。その中で諡号も同様に導入され定着したのであった。日本では日本独自の呼び方である国風諡号（先の天武であれば、「天渟中原瀛真人天皇《あまのぬなはらおきのまひとのすめらみこと》」という）と、中国の諡法に則った漢風諡号が用いられた。神武・綏靖《すいぜい》・安寧《あんねい》・懿徳《いとく》・孝昭・孝安・孝霊《こうれい》・孝元・開化・崇神《すじん》・垂仁《すいにん》・景行・成務・仲哀・応神・仁徳・履中・反正《はんぜい》……と続く2字の漢字で示されている天皇の死後の名前は、こうして制度として整い、今日まで続いている。

殯宮儀礼が整備されていく中で、仏教の影響から火葬が用いられるようになる。『続日本紀《しょくにほんぎ》』巻第一にある文武天皇4年（700）3月10日の僧道昭の火葬記事が文献史料としての火葬の初見である。ただし、考古学の知見では、縄文時代中期から中部日本で火葬の事例がみられるという。しかし民衆の火葬は文献史料には遺りづらい。

そして、天皇としては持統天皇が初めて火葬されている。大宝2年（702）12月22日に崩御した持統天皇は、翌年の12月17日に飛鳥岡《あすかのおか》で火葬されている（『続日本紀』巻三）。「畏怖と祭祀」の時代に代表的な葬送儀礼としてあげた古墳祭祀は、民衆を動員し王権を示したもので、その後の天皇も徳を広く知らしめるため山陵が整えられた。しかし仏教思想が広がり、火葬が用いられるようになると、薄葬として巨大な墳墓などを造らない傾向が強くなっていく。火葬に伴う遺骨の処理方法も変化したのであった。

例えば、平安時代の淳和《じゅんな》天皇（承和《じょうわ》7年（840）崩御）は山野への散骨を遺言し実施されている。この他、権力者や宗教者は死後に多宝塔が建てられ、儀礼の対象となっていった。

「塚間餓鬼」餓鬼草紙　巻第１（模本）　東京国立博物館
Image:TNM image Archives

古代の葬送がどのようなものであったかをうかがい知るのに格好の史料がある。餓鬼道《がきどう》の世界を描いた『餓鬼草紙《がきそうし》』である。平安時代末期から鎌倉時代初期に描かれたとされるこの絵巻は、後白河法皇の蓮華王院宝蔵に納められたもので、今日では東京国立博物館と京都国立博物館とに所蔵され、国宝となっている。

図の場面は、「塚間餓鬼《ちょうかんがき》」と呼ばれるもので、平安時代末期から鎌倉時代初期の葬送を示す貴重な資料である。

絵をみてみると、５人の餓鬼、３つの盛土塚、２つの石積塚が認められる。餓鬼とは死躰から抜け出た亡霊である。盛土塚は土葬、石積塚は火葬されたことを示している。また、風葬されている４つの遺躰や人骨が散乱している。

盛土塚や石積塚は比較的身分の高い者が祀《まつ》られているもので、身分の低い者は、野ざらしに風葬にされた。

こうした遺躰を埋葬したのは、平安京（現在の京都）の外であった。というのも、死＝穢《けがれ》というイメージが平安時代頃から定着していくためだ。この頃から「忌避と抽出」の時代となっていく。延暦13年（794）に桓武天皇が平安京遷都を行った際、京中に遺躰・遺骨を埋葬することを禁じ、平安京郊外に墓地が設営される。それが鳥部野（鳥辺野）、化野《あだしの》、蓮台野《れんだいや》、木幡《こはた》である。鳥部野は現在の清水寺の南、化野は嵯峨、蓮台野は船岡山から紙屋川付近である。『餓鬼草紙』の「塚間餓鬼」もおそらく、こうした墓地を描いたものといえるだろう。

さてここで、死の文化にとても重要な穢概念について考えてみたい。穢とは、死や疾病、また血で発生するもので、神事を執り行う天皇を中心とした朝廷において特に忌避された。穢に触れたことを触穢《しょくえ》といい、穢の軽重によって清浄に戻る日数が規定されていた。神事を滞りなく執り行うことは、天皇の政としてとても重要なことである。そのため天皇は日本の中で最も清浄であることが求められた。こうした穢概念は、日本の文化の特徴ともいえるだろう。

今日でも葬儀に参加したものが帰宅する際、塩を躰《からだ》にかける。これは穢を振り払うものといえる。

しかし、古代や中世は今日よりも、死が間近にあった時代である。洛外とはいえ、風葬された遺骨があり、犬や烏がそれらをくわえて天皇の住む内裏《だいり》や、貴族の邸宅に入り込み触穢となった例が多々あった。その度に穢で行事が停滞することは朝廷にとって由々しき事態である。そのため、穢として認識するか否か、みなかったことにすることもあったようだ。

具体的な事例を示してみよう。鎌倉時代の後期、学問好きで知られる花園天皇は在位中からの日記を遺している。その日記である『花園天皇宸記《しんき》』の応長2年（1312）2月28日には、次のように記されている。

（前略）亥剋公躬朝臣申云、於門内人被殺害、何者哉不審之間、大番方相尋之処、北土門番衆両人口論之間、令殺害云々、彼下手人者令逃了、但件被刃傷者、不他界以前、引出門外遣川原、仍不及触穢、門内流血多、又叫喚声遙聞云々、（『史料纂集　花園天皇宸記』一、八木書店）

大意としては、三条公躬朝臣《きんみあそん》がいうには「（内裏の）門内において人が殺害されました。

何者だったのかわからなかったので大番方に尋ねたところ、北土門の門番達が口論をし、(一方が)殺害したということでした。その下手人は逃亡してしまいました。ただしその殺された者は死ぬ前に、門外に引きずり出し河原へ持って行かせました。そのため(内裏は)触穢になりません。門内は流血も多くまた叫び声が遥かに聞こえたそうです」ということだ。

天皇にとって清浄であることは最重要である。にもかかわらず内裏は血で穢れてしまった。ましてや、日記の冒頭で門内で人が殺害されたとあるにもかかわらず、死ぬ前に門外に出したので穢ではないという、見てみないふりともいうべき説明が三条公躬から花園天皇になされている。実際、翌日以降も天皇や内裏は触穢となっておらず行事が執り行われている。穢は忌避されているものの、状況に応じてはみなかったこととする、実に日本的な考えによる采配が中世から行われていたといえるだろう。

またこの史料から、改めて内裏内での死穢《しえ》を認定したくない、死を強く避ける意識が見いだせる。こうして中世では死穢を発散する遺骸を忌避するため火葬し、遺骨だけ抽出して寺院や堂塔に納骨することが貴族社会を中心に行われるようになった。

武士の葬送儀礼

平清盛の平氏政権の後、源頼朝（1147〜1199）によって鎌倉幕府が創られた。以降、明治維新がなされるまで、武家の政権が日本の政治の中心となる。

武士は貴族とは異なり、戦争を生業とする者達である。戦争には好むと好まざるとに関わらず血の穢、死の穢がつきまとう。では彼ら武士は葬送儀礼をどのように行ったのだろうか。

武士は戦死した一族を武功を挙げたものとして尊び供養する。祖父や父親を弔うため、所領に菩提寺《ぼだいじ》を建立し、死者を顕彰し功績を称えるのだ。勲功として墓所のために所領を貰うという事例もあった。武士の登場によって葬送は変化し、「供養と記念」の時代となる。

貴族は、政治（政《まつりごと》、祭と政治）のため、清浄性を求めて平安京に死穢が入ってこないようにし、自らの先祖の供養も京都郊外で行うようにしていた。逆に武士は、自らの所領や邸宅内に先祖を顕彰する寺院を建立していったのである。武士の場合、生業による理由の他、所領が京都から離れていたということが一因といってもよいだろう。

中世末期の戦国時代の動乱を経て、徳川幕府の平和な時代が訪れる。近世は中世に比べて人口は増加し生産力も向上する。

徳川幕府は寺院法度《はっと》（法令）を整備し、寺院本末制（寺院を本山・末寺の重層的な関係に置く制度）で寺を管理した。更には寺檀関係によって民衆を支配する制度を確立する。人々は必ずどこかの寺に所属することが義務づけられたのである。これは本来、隠れキリシタンの禁圧のためだったが、後に変化する。寺では「宗門人別帳《しゅうもんにんべつちょう》」と呼ばれる戸籍台帳を整えた。幕府の民衆支配を寺院にアウトソーシングしたといってもよい。

宗門人別帳に記載された庶民は必ずその寺の檀家となる。葬祭供養の一切をその寺で行い、葬儀と営墓がセット化されていく。

また江戸や大坂といった大都市に対応する集合葬儀場・墓地も形成されていく。江戸は小塚原《こづかっぱら》・千駄木・桐ケ谷・渋谷・炮録新田《ほうろくしんでん》の火葬場を五三昧《ごさんまい》といい、大坂は長柄《ながら》・梅田・南浜・蒲生・小橋《おばせ》・千日《せんにち》・飛田の七墓という。江戸は明暦の大火（明暦3年（1657））以降に土地が整備されていった。

こうした中で墓石や位牌が、供養や記憶の主要な装置へと変化していく。まさに今日の我々がイメージする伝統的な「日本の葬儀・墓」が完成したのが近世であった。

ところで、神社はどうであったのか。

寺檀制度が整うと、神社の祠官も寺に所属することが義務づけられた。天明5年（178

5）に京都・吉田神社の吉田家から許可された祠官《しかん》（神職）と祠子《しし》（跡取り）のみが神葬祭が許されるものの、神葬祭が自由に認められたのは明治時代以降になってからである。

明治維新がなされ、神仏判然令（神仏分離令とも。慶応4年（1868）が出された後、廃仏毀釈運動によって寺院の多くが廃寺となる中、政府の政策として神葬祭が奨励されるようになる。東京の青山霊園も本来は神葬祭のために造られたものである。

神葬祭の普及は明治政府の神祇政策の一環でもあり、廃仏毀釈運動の中、廃寺となった寺の多くの地域で神葬祭となった。

またもう一つ、近代の葬送で特徴的なことは、喪服の変化である。それまでの喪服は白だったが、明治42年（1909）の伊藤博文の国葬に際し黒の燕尾服が用いられ、以降、喪服は黒として定着していくのであった。

日本の葬送儀礼の歴史的変遷を雑駁ながら通覧してきた。日本の葬送儀礼といっても、時代によって様々に変化してきたことがわかるだろう。

本章のはじめで、死に関する研究の嚆矢《こうし》としてロベール・エルツを紹介した。改めて彼の業績から、葬送儀礼について考えてみたい。

ロベール・エルツは、論文の中で葬儀を構成する3つの処理として以下のものをあげた。

①「最後の墓場」………………遺躰の処理
②「死者の国への魂の旅立ち」……霊魂の処理
③「生者の解放」……………社会関係の処理

日本の葬儀に照らし合わせていえば、①の遺躰の処理とは、死に化粧を調え、棺に入れ火葬し、遺骨を墓に納めること。②の霊魂の処理とは讃え慰めるため、葬儀で読経を行い戒名を授かる。そして供養をすること。③の社会関係の処理とは死者が生前築いていた人間関係や財産といったものを清算することである。

3つの処理とは、総じていえば生きている側と、死者との関係を一旦、「切断」して死者を先祖に統合し、再「接続」するためのものだ。

葬送儀礼は、死者のために行うと思いがちだが、本質的には生きている側のためにある。死者をこの世の関係性から一旦切り離し、生きている側のコントロールのもとで改めて再接続する儀礼なのだ。

切断とは、引導渡し（葬儀の際に導師が死者に法語を唱えること）や戒名を授けること。つまりは新たな名付けである。

接続とは、盆や彼岸、また年忌の供養や墓参りを指す。

ここで改めて現代の葬儀をみつめて、死生観や死穢観を考えてみよう。

今日の葬儀では、死者の遺躰があっても、死穢や、魔物が寄りつくといった感覚が希薄となっている。それは、近代までの「死」が肉体からの霊魂の遊離と考えられていたのに変わって、個人の生命の終焉という認識の変化があったためであろう。

近世までの葬儀の史料を捲っていても、死者の記念物はほとんどない。それは死者が生へ執着すると霊魂が彷徨《さまよ》う、魔物が寄りつくという認識があったためだ。今日的な友人達の別れの言葉や告別式といったものはない。

この変化は一体いつからなのか。それは死に往く様を間近でみているかどうかが大きく関わっているといえる。昭和50年（1975）くらいを境として、自宅の死から病院での死が増えるのと時を同じくすると新谷は指摘している。

死を迎える際の社会的変化が、死に対する感覚を変化させている要因といえるだろう。

2章

極楽と地獄は
いつ生まれたのか

1章では文化としての「死」を概念的にも歴史的にも通覧してきた。2章からは死に関わる思想や事象について取り上げていきたい。ここでは特に日本人の他界観に繋がる「極楽」と「地獄」について考えてみよう。

「あの世」はどこか

日本の他界観に関する研究でまず取り上げるべきは、柳田國男と梅原猛の仕事であろう。柳田は『先祖の話』(昭和20年(1945))、梅原は『日本人の「あの世」観』(平成元年(1989))で、他界観を論じている。共通すべき点は仏教だけではなく、日本古来の土着の死生観を研究し他界観を考察していることだ。仏教や儒教などの外来宗教ではなく、日本固有の土着の他界観を柳田は「固有信仰」、梅原は「縄文文化」としている。そこにある他界「あの世」は、遙か彼方にあるのではなく「この世」の周辺にあるものだとしている。

二人は、死者と生者との頻繁な交流があったこと、恨みや未練があった死者は生者が「あの世」に送り届ける義務を負っていた点、また生まれ変わる可能性が認められていた点を明らかにしたのである。

こうした他界観の研究について、発表当時は批判も多くあったようだ。実際、日本だけでも地域によって様々な葬儀、また死生観が存在していたからだ。例えば1章で示した水葬は沿岸部で行われていたものだ。とはいえ、日本固有の他界観が存在したこと、更には抽象的な概念としてまとめたことには非常に意義深いものがあった。

柳田や梅原が論じた日本固有の他界観へ、外来宗教である仏教などが流入し、イメージとしての極楽と地獄が形成される。児童絵本の『地獄』（昭和55年（1980））が数年前に、子供のしつけに効果的と注目されたことからも、今日においても、極楽と地獄は日本人の他界観として定着しているといえるだろう。

ではこの極楽と地獄とは、どのように形成されたのだろうか。前提の思想として仏教の広がりがあった。

そもそも「地獄」が日本に輸入されたのは、飛鳥・奈良時代である。日本最古の歴史書である『古事記』や『日本書紀』を紐解くと、黄泉国の物語はあるものの、地獄や死後に審判されるといった思想は認められない。古代の日本人にとって、死んでまで罰を受ける、もしくは死後にこそ、過酷な罰を受けるという深刻な罪の意識は皆無であった。

この他界観の変化に大きな影響を及ぼしたのが、仏教思想の中でも浄土思想であり、最たる影響を与えたのが、比叡山の恵心僧都《えしんそうず》（源信）が著わした『往生要集』（寛和《かんな》元年（985）成立）である。

浄土思想は、今日の浄土宗や浄土真宗といった鎌倉新仏教と混同されがちである。しかし、浄土思想はそうした宗派を生み出した土壌としての思想である。

日本人の他界観の変化に多大な影響を及ぼした仏教について、改めて簡単ながら振り返ってみよう。

仏教は釈迦（本名はガウタマ・シッダールタ、漢訳では瞿曇悉達多《くどんしっだるた》という）が興した宗教である。釈迦は、出身部族である「シャーキャ」を漢訳したものだ。また釈迦は悟りを開いた人として仏陀とも呼ばれる。仏陀はサンスクリット語で「目覚めた人・真理に目覚めた人」という意味であり、釈迦一人のみ、仏陀と称される。

紀元前４６３年から同３８３年（諸説あり）を生きていた釈迦は、北インドで35歳で悟りを開き、教化と伝道を行った。インドでは7世紀まで大乗仏教が中観《ちゅうがん》→如来蔵《にょらいぞう》・唯識《ゆいしき》→密教と発展をしていくものの弾圧されてしまう。更には13世紀にイスラム侵攻があり滅亡してしまった。そのため伝播していた中国や朝鮮半島で信仰されるようになる。

中国へ１世紀頃に伝来し、道教を信仰した皇帝によって廃仏運動がなされる時があったものの、様々な宗派が形成される。

こうして釈迦によって生み出された仏教には、教えとして４つの核がある。

①諸行無常
②諸法無我
③一切皆苦
④涅槃寂静《ねはんじゃくじょう》

①諸行無常とは、万物は常に変化するもので、不変・永遠なものなどない。つまり必ず「死」を迎える、というものだ。

②諸法無我は、因果応報ともいってもよいだろう。あらゆるものが因縁で結びつき成り立っているという考え方だ。③一切皆苦は、①と②を合わせたもので、あらゆることは苦であるとする。④涅槃寂静は、①・②・③といった凡俗の世界を乗り越えて、悟りの世界を目指す、というものだ。この4つの核は③を除いて「三法印」と呼ばれ、後に③が加えられ「四法印」といわれている。

これが様々な宗派が生み出されるものの仏教の根底に流れている考え方といえるだろう。

日本には、中国・朝鮮半島を経由して仏教が伝来した。『日本書紀』には欽明天皇13年(552)に朝鮮の百済の聖明王が、日本に使者を遣わし仏像や経典がもたらされたとある。

しかし、『上宮聖徳法王帝説《じょうぐうしょうとくほうおうていせつ》』（聖徳太子の伝記。成立年代不詳）などによると宣化天皇3年（538）に伝来したともいわれている。ともあれ、仏教は6世紀に日本へ伝来した。『日本書紀』の伝来記事があった欽明天皇の子にあたる用明天皇の皇子が聖徳太子（574～622）である。推古天皇の下で仏教の教えを基盤とする国作りをスタートさせた。

著名な「十七条の憲法」の第一条は「和を以《もっ》て貴《とうと》しとなし、忤《さから》うこと無きを宗《むね》とせよ。人みな党あり、また達《さと》れるもの少なし。ここをもって、あるいは君父《くんぷ》に順《したが》わず、また隣里《りんり》に違《たが》う。しかれども、上和《かみやわら》ぎ下睦《しもむつ》びて、事を論《あげつら》うに諧《かな》うときは、すなわち事理おのずから通ず。何事か成らざらん。」とあり、第二条には「篤《あつ》く三宝《さんぼう》を敬え。三宝とは仏と法と僧となり、則ち四生《ししょう》の終帰、万国の極宗《ごくしゅう》なり。何《いず》れの世、何れの人かこの法を貴ばざる。人尤《はなは》だ悪しきもの鮮《すく》なし、能《よ》く教うれば従う。それ三宝に帰せずんば、何をもってか枉《まが》れるを直《ただ》さん。」とある。この第二条の「篤く三宝を敬え」の「三宝」こそが仏教である。仏と仏法、そして僧侶を指す。更には聖徳太子が中国大陸の先進的な知識を得るため遣隋使を派遣している。この隋の前時代である五胡十六国・南北朝時代は廃仏政策が多くとられていたものの、隋の文帝は仏教を復興した。首都である長安には国寺としての大興善寺《だいこうぜんじ》が建てられ、また要地に仏舎利塔（釈迦の遺骨を納めた仏塔）が建立された。これは日本の国分寺の起源ともなった政策である。また、様々な仏教宗派が生み出された時代でもあった。主要なものに、僧である菩提流支《ぼだいるし》が興した地論宗《じろんしゅう》、菩提達摩《だるま》による禅宗、智顗《ちぎ》が開いた天台宗、吉蔵《きちぞう》による三論宗、杜順《とじゅん》の華厳宗、道綽《どうしゃく》の浄土教などである。遣隋使はその仏教全盛期に中国へ渡り多大な影響を受けたのであった。

6世紀に中国で生み出された仏教宗派の祖の中でも、特に日本で重要なのは智顗である。智顗は、智者大師とも呼ばれる人物で、538年から597年までを生きた。この智顗が行った教相判釈《きょうそうはんじゃく》の五時八教説が日本に輸入される。

教相判釈とは、経典の内容を解釈し高低を判定し解釈したものである。特に五時八教説とは、釈迦が法を説いた流れを華厳→阿含《あごん》→方等→般若《はんにゃ》→法華・涅槃とする説である。まず華厳経を民衆に説いたものの難しく受け入れられなかったので、平易な阿含経を説き、更に理解に応じて方等経や般若経を説き、最後に法華経と涅槃経を説いたというものだ。日本ではこの五時八教説の体系に基づいて国家が主導して仏教を取り入れた。仏教は個人の救済というよりも、鎮護国家として国を安泰にするために導入されていったのである。

日本に伝来し、国家政策として仏教は広がっていくが、その政策に大きく関わり影響を及ぼした人物を列挙しておこう。聖徳太子、聖武天皇（701〜756)、藤原道長（966〜1028)、徳川家康（1543〜1616）である。

聖徳太子は先にも述べた通り、十七条の憲法を制定し遣隋使を派遣して、仏教を政策の中心に位置づけた。この他、法隆寺や四天王寺を建立し、また日本で最初の経典解説書である『三経義疏《さんぎょうぎしょ》』を著わす。

聖武天皇は東大寺の盧舎那《るしゃな》大仏を造立し、また全国に国分寺を建立する。国家仏教としての最盛期をもたらしたといえる。藤原道長は摂関政治の全盛期に寺院に多くの所領を寄進し、寺院の発展に寄与した。そして最後の徳川家康は本山と末寺、寺と檀家の制度を整え、現在の宗派を確立したといってもよい。

こうした為政者達が仏教に深く関わったことにより、我々は仏教宗派や寺院をみることができる。

極楽行きのマニュアル本『往生要集』

宗教政策として仏教思想が日本に広がっていく中、仏教の考えの一つである末法思想が広がっていく。末法思想とは、釈迦が入滅したあと、その教えが衰退していくという考えである。まず仏の教えと修行と悟りが揃っている「正法《しょうほう》の時代」がある。これは釈迦の死後1000年また500年といわれている。次が教えと修行は遺るものの、悟る者がいない「像法《ぞうぼう》の時代」がある。これは正法のあと、500年または1000年といわれ、この時が過ぎると「末法の時代」となる。末法とは教えだけが遺り、修行も悟りもない時代と考えられ、日本では永承7年（1052）がスタートと考えられた。

末法を経ると最後は法滅、つまりは教えもない時代である。

折しも、寛仁《かんにん》３年（１０１９）の刀伊《とい》の入寇《にゅうこう》（女真族が日本に侵攻した事件）、長元元年（１０２８）の平忠常の乱、永承６年（１０５１）の前九年の役《えき》、永保《えいほ》３年（１０８３）の後三年の役と、平安時代後期は京都は平穏であったものの日本規模でみれば戦乱があった時代でもあった。次第に天変地異やこうした戦乱は、末法の時代であるためと考えられるようになる。そうして現世での幸福を諦め、来世に幸せを託す、つまりは一心に阿弥陀仏を観想し、念仏を唱えると極楽浄土へ救ってもらえるという教えが登場する。

源信は平安時代中期の天台宗の僧侶である。大和国（現在の奈良県）葛下《かずらきのしも》郡当麻郷の生まれで、９歳で比叡山に上り良源慈恵大師《じえだいし》（９１２〜９８５）を師として修行を始める。優れた能力の持ち主であり、顕密二教を極め、師の良源に似て論議に優れていたため、天元元年（９７８）に37歳の若さで比叡山で最たる法要である法華大会《ほっけだいえ》に広学竪義《こうがくりゅうぎ》（論議の儀式）の竪者《りっしゃ》（問者の難問に答える僧）として選ばれる。

学侶として名を馳せたが、貴族化していた比叡山の教団運営には批判的だった。というのも良源の死後、座主となったのは右大臣藤原師輔《ふじわらのもろすけ》の子であった横川妙香院尋禅《よかわみょうこういんじんぜん》であった。世俗の権力者の影響が強くなり、門閥化していたのである。

そのため源信は名利を捨て、横川に隠棲し、著述を専らとしていく。永観2年（984）11月に『往生要集』の執筆をスタートさせ、翌年の4月に完成をみる。『往生要集』とは様々な経典や論書から、極楽往生する方法に関する文章をまとめたもので3巻からなる書である。この『往生要集』は浄土教の発展に大きな影響を及ぼした。藤原道長や行成《ゆきなり》もこの書を読んでいたといわれている。

まず、『往生要集』の序文をみてみよう。

それ往生極楽の教行《きょうぎょう》は、濁世《じょくせ》末代の目足《もくそく》なり。道俗貴賤、たれか帰せざるものあらん。ただし顕密の教法、その文《もん》、一にあらず。事理《じり》の業因《ごういん》、その行《ぎょう》これ多し。利智精進《しょうじん》の人は、いまだ難しとなさず。予がごとき頑魯《がんろ》のもの、あにあへてせんや。

この故に、念仏の一門によりて、いささか経論の要文《ようもん》を集む。これを披《ひら》きこれを修するに、覚りやすく行《ぎょう》じやすし。

総べて十門あり。分ちて三巻となす。一は厭離穢土《おんりえど》、二は欣求浄土《ごんぐじょうど》、三は極楽証拠、四は正修《しょうじゅ》念仏、五は助念方法、六は別時念仏、七は念仏利益《りやく》、八は念仏証拠、九は往生諸業《しょごう》、十は問答料簡《もんどうりょうけん》なり。これを座右に置きて、廃忘《はいもう》に備へん。（岩波文庫）

これを現代語訳すると、次のようになる。

極楽に往生するための教行は、濁り果てた末世の道標となるものだ。僧侶も俗人、身分の高い低いに関わらず、誰かこれに従わぬものがあろうか。ただし顕教・密教の教えはその説くところが様々あって、真理に依る善悪の行為は、その行が多い。智慧があり努力を怠らぬ人は、難しいとは思わないだろう。（しかし）私のような愚かな者にとってはどうして進んで修行することができるだろうか。

こうしたわけで、念仏の一門に依って、少し経論の肝要な箇所を集めてみた。これを紐解き、念仏の行法を修めると、覚りやすく修行しやすいことだろう。

本書は総じて十門から成り立っている。分けて3巻としている。第一は厭離穢土、第二は欣求浄土、第三は極楽証拠、第四は正修念仏、第五は助念方法、第六は別時念仏、第七は念仏利益、第八は念仏証拠、第九は往生諸業、第十は問答料簡である。これを手元に置いて忘れないように備えよう。

右の訳文にもあげた通り、この『往生要集』とは一言でいえば、「極楽行きのマニュアル本」である。極楽の説明や往生する方法、そして地獄などの説明だ。内容は「十門」、いわば十章からなる。この一門ごとの四字熟語もキャッチフレーズである。こうしたわかりやすさが、『往生要集』が広く読まれた理由といえよう。

①厭離穢土　地獄道・餓鬼道・畜生道・阿修羅道・人間道・天道の六道を説明する。
②欣求浄土　極楽浄土に生まれる十楽を説明する。
③極楽証拠　極楽往生があるという証拠を提示する。
④正修念仏　浄土往生の道、つまりはどうすれば極楽に生まれるかを説明する。
⑤助念方法　念仏修行はどのようにすればよいか説明する。
⑥別時念仏　臨終の際の念仏について説明する。
⑦念仏利益　念仏を唱えることによる功徳を説明する。
⑧念仏証拠　念仏を唱えることによる善業を説明する。
⑨往生諸業　念仏の包容性を説明する。
⑩問答料簡　何よりも優れているのが念仏であることを説明する。

①厭離穢土では、冒頭から地獄の凄まじさを展開していく。人が死んでから変化していく様をまとめるなど、過去、現在、未来という三界の苦しみをつらつらと描き出す。
特に人が死んでから変化していく様は、

いはんやまた命終《みょうじゅう》の後に、塚のあひだに捐捨《す》てられて、一、二日、乃至七日を経るに、その身膖脹《ぼうちょう》して、色青瘀《しきしょうお》に変ず。臭《くさ》り爛《ただ》れ、皮は穿《う》げて、膿血《のうけつ》流れ出づ。鵰《ちょう》・鷲《じゅ》・鵄《し》・梟《きょう》・野干《やかん》・狗等《くとう》の種々の禽獣《きんじゅう》、掣《しゃせい》して食噉《じきだん》す。禽獣食らひをはりて、不浄潰爛《ふじょうかいらん》せり。無量種《むりょうしゅ》の虫蛆《ちゅうそ》ありて、臭き処に雑《まじ》はり出づ。悪《にく》むべきこと、死にたる狗よりも過ぎたり。乃至、白骨となりをはれば、支節分散《しせつふんさん》して、手・足・髑髏おのおの異処《いしょ》にあり。風吹き、日曝《ひさら》し、雨灌《そそ》ぎ、霜封《ふう》じて、積むこと歳年あれば、色相変異し、ついに腐朽砕末《ふきゅうさいまつ》して、塵土《じんど》とあひ和しぬ。以上、究竟不浄《くきょうふじょう》なり。

とあり、この様を描いているのが『九相図《くそうず》』である。京都の住蓮山安楽寺《じゅうれんざんあんらくじ》にある小野小町を描いたものや、桂光山西福寺《さいふくじ》にある檀林《だんりん》皇后を描いたものが現存している。九相図は美女がモチーフとされ、人にはいつかは死が訪れ腐敗し骨となる様を描き出している。

九相をみてみると、『往生要集』にあった命終のあとに対応していることが分かる。

脹相《ちょうそう》　肉体が腐ってふくらむ。
壊相《えそう》　皮が破れて血膿《ちうみ》があふれ出す。
血塗相《けちずそう》　腐敗が進み、脂肪や体液が流れ出す。
膿爛相《のうらんそう》　死躰そのものが崩れていく。

青瘀相《しょうおそう》　死躰が青黒くなる。
噉相《たんそう》　虫がわき、鳥や犬に食われる。
散相《さんそう》　死躰の部位が散乱しバラバラになる。
骨相《こっそう》　血肉や皮がなくなり、骨だけになる。
焼相《しょうそう》　骨が焼かれ灰だけになる。

そのため、このような不浄な世界である、人間世界を含んだ三界六道の穢土（娑婆《しゃば》の世界ともいう）から早く離れて、極楽浄土に生まれたいという想いを強くさせる論法を用いている。

特に地獄の描写はとても迫真で凄まじい。
まず、地獄には

また分ちて八となす。一は等活《とうかつ》、二は黒縄《こくじょう》、三は衆合《しゅごう》、四は叫喚《きょうかん》、五は大叫喚、六は焦熱《しょうねつ》、七は大焦熱、八は無間《むけん》なり。

と、8つの地獄があることを述べる。そしてそれぞれの地獄はどんな罪を犯すと堕ちるの

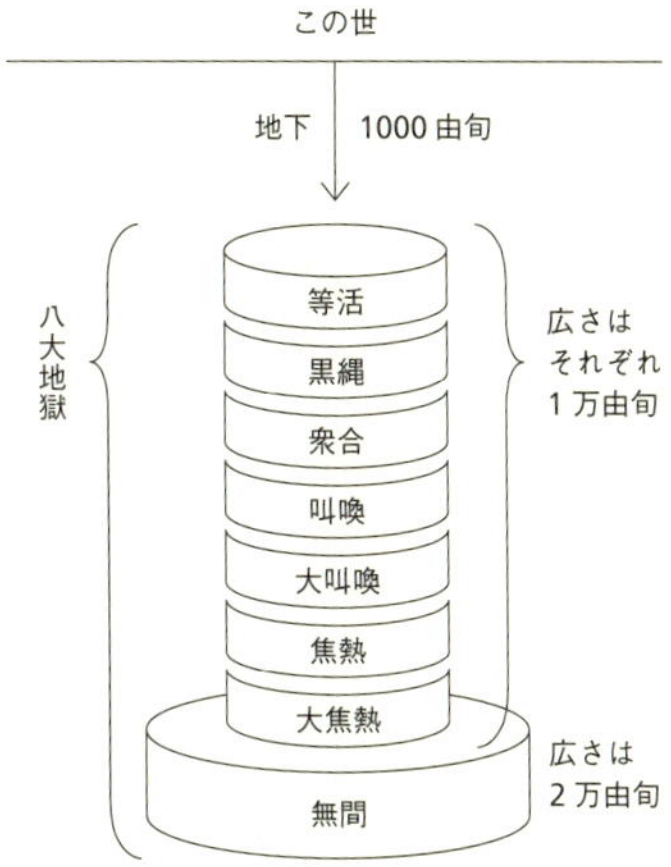

地獄の構造図
1由旬は11.2km～14.5km
地下11200km～14500kmにある
ちなみに地球の直径は約13000km

かを説明している。

等活地獄は殺生《せっしょう》。ただし人を殺害するという重いものではなく、例えば蟻や蚊であっても殺した場合は懺《ざん》悔《げ》しなければならない。

黒縄地獄は殺生と盗み。衆合地獄は殺生と盗み、邪淫《じゃいん》。叫喚地獄は殺生と盗みと邪淫に加えて飲酒。大叫喚地獄は更に加えて妄語《もうご》。つまりは嘘である。焦熱地獄は更に邪見《じゃけん》。大焦熱地獄は加えて強姦。無間地獄はこれまでの罪に加え父母などを殺害した者が堕ちる地獄である。

この8つの地獄は階層となっており、等活から順に下に堕ちていく。

また、恐ろしいのは、その地獄で味わう辛さ・痛みであろう。例えば叫喚地獄、大叫喚地獄は熱湯の釜や鍋に入れられ、叫喚する。またこの地獄での寿命は8000歳で、人間界の時間に換算すれば6821兆1200億年という。こうした様々な地獄の描写を行い、かつまた他の餓鬼・畜生・阿修羅・人間・天上の六道の辛さを説く。極楽往生するための方法を続けて述べていくのだ。

極楽に行く具体的な方法とは

『往生要集』はダンテ（イタリア、フィレンツェの詩人。１２６５～１３２１）の『神曲』に比すべき著作といってよいだろう。地獄をはじめとする六道の穢土を畏れ、来世での極楽往生を願う人々が増加していく中、マニュアルに対して実践本ともいうべき、極楽往生した人を紹介する本も編まれていく。これは平安時代の知識人、特に下級官人がまとめたものだ。

慶滋保胤《よししげのやすたね》の『日本往生極楽記』、大江匡房《おおえのまさふさ》の『続本朝往生伝《ぞくほんちょうおうじょうでん》』、三善為泰《みよしのためやす》の『拾遺《しゅうい》往生伝』・『後拾遺往生伝』などがそれにあたる。これらの実践本は、実際に往生した人を取り上げることによって極楽の存在を普及させていく。

こうした実践本の中でも最も古くに編まれたのが慶滋保胤の『日本往生極楽記』である。保胤は生年不詳、没年は長保《ちょうほう》４年（１００２）の平安時代中期の下級官人である。父は賀茂忠行《かものただゆき》、兄に賀茂保憲がいた。保憲は陰陽師・安倍晴明の師また兄弟子といった方が有名だろうか。保胤は家業であった陰陽道を捨て、紀伝道を学ぶようになる。現在の歴史学である。康保《こうほ》元年（９６４）に念仏結社「勧学会《かんがくえ》」を結成。これは大学寮の学生と比叡山の僧侶が集まって作られたものである。また寛和《かんな》2年（986）に出家して、比叡山の横川《よかわ》に住み、首楞厳院《しゅりょうごんいん》で「二十五三昧会《にじゅうござんまいえ》」を結成する。二十五三昧会とは、二十五とある通り、25人の僧侶が集まり結成された念仏結社である。極楽往生を目指す結社であり、月の15日ごとに集まり念仏を唱えた。

この紀伝道という歴史を学び、また浄土教を信じ念仏を唱える保胤によって、実践本は編まれた。

なお保胤は隠棲文学の祖ともいうべき『池亭記《ちていき》』も著わしている。

保胤の著わした『日本往生極楽記』は寛和2年（986）に編集を終えたといわれている。王家・貴族・庶民に至る45人をピックアップし、その実践例を紹介している。この書を執筆した理由として保胤は次のように記している。

一般の衆生《しゅじょう》（生ける者すべて）は智浅く、弥陀《みだ》の救いの教えが難しくて理解できない。なので実際に往生した人々の伝記を教えなければ、人々の心を勧めて仏教の信仰に入れることができない。

僧侶や知識人は、時代を経て鎮護国家としての国策仏教ではなく、個人を救済する仏教として、広く普及するように考えていたといえる。

45人の事例はいずれも興味深いが、2つほど紹介したい。いずれも今日では考えられない「痛い」方法で往生を遂げている。

手の皮を剥いで極楽を祈る尼

伊勢国（現在の三重県）のある尼は、一心に念仏を唱え極楽往生を願っていた。ただ、ひたすらに念仏を唱えるだけでは極楽往生するための修行としては不十分と思った尼は、なんと自分の手の皮を剥いで、そこに極楽往生の絵を描き、仏に回向《えこう》（読経したり、祈ること）して往生させてもらえないかと思ったのだった。しかし、思いとは裏腹に、自分の手の皮を剥ぐことはできなかった。

ある日、尼の前に僧侶が現れ、彼女の手の皮を剥ぎ、姿を消した。彼女は多年の願いが叶って、極楽浄土を描き拝み続けた。彼女が亡くなる時に大空に妙なる音楽が響き渡り、彼女は往生を遂げたという。

少なくとも筆者は自分で手の皮を剥ごうとは思わないし、思いつきもしないだろう。その感覚の違いが、いかにこの時代の人々が穢土を畏れ、極楽往生を願ったかという思いの差なのである。またこの事例を読んで、なぜ極楽へ往生したといえるのか、どのように確認したのか疑問に思われた方もいるだろう。重要なのは「妙なる音楽」である。往生を遂げた際には、妙なる音楽が聞こえたり良い香りがすると考えられていた。そのため、ここでは尼が亡くなる際に「妙なる音楽」が響き渡ったと記されていることによって、読者は極楽往生したのだと思ったのである。

続いての事例は、男性の僧侶である。

焼身によって求める成仏

薩摩国（現在の鹿児島県）のある僧侶は、法華経を読み続け、法華懺法《ほっけせんぼう》（経を読誦して懺悔する）を欠かすことがなかった。3年間、山に籠もり1000部の法華経を読み終えた。とても功徳のあることだが、ここで僧侶は思う。山を下りてしまえば、世間の習わしに染まり、悪業を作ることだろう。これまでの円満無欠な菩薩行《ぼさつぎょう》（菩薩としての修行）をやめてしまうに違いない。あくまで自分は極楽往生を願っているのだ。そこで僧侶は今までの修行では足りず、我が身を火に投じ三宝（仏と法と僧）に供養することにした。自分の身を焼くことが供養となると考え実践したのだ。

僧侶が読んでいた法華経の薬王菩薩本事品第二十三には、薬王菩薩が苦行のため、躰《からだ》に香油を塗り焼身した話がある。諸仏はこれを称賛しその躰は1200歳まで燃え続けたという。

こうした経典にある苦行の一つとして、焼身供養をはかり、彼は極楽往生を遂げたという。

そもそも、平安時代の初期まで民衆に信じられ、願われていたのは現世利益《げんせりやく》であった。例えば日本最古の説話集である『日本国現報善悪霊異記《にほんこくげんほうぜんあくりょういき》』（略して『日本霊異記』という。弘仁《こうにん》13年（822）の成立）では、現世の不幸は即席の形で解決を仏に願っている。現世における経済的・家庭的・身体的な不幸を前世の宿業として諦め、この世は穢土であるが故に、来世で幸福を求めるという姿勢は少なかった。

　これが念仏が流行し、『往生要集』や『日本往生極楽記』などが著わされると、仏教の教えとして、即席の現世利益の他に、極楽往生が加わって、次第にその比重が増していくのだ。平安時代はそうした来世、あの世への思いが変化していく時代であったともいえるだろう。

　この厭離穢土・極楽往生の普及は、具現化されたものとして庭園で見ることができる。浄土式庭園の誕生である。京都の法成寺《ほうじょうじ》・平等院・法勝寺《ほっしょうじ》・安楽寿院・法金剛院《ほうこんごういん》・浄瑠璃寺、岩手の毛越寺《もうつうじ》・無量光院などがそれにあたる。

　特に著名なのは京都府宇治市の平等院であろう。十円硬貨の表に描かれている鳳凰堂の前に園池が広がる形で、極楽浄土の世界を再現したものである。

　貴族達は、自らの財力で寺院に寄進を行い、また寺院を建立し、庭園は極楽を模して造らせた。ひとえに極楽往生を目指さんがためである。

『日本往生極楽記』で紹介した2例をはじめとする様々な事例から、どのようにすれば極楽往生することができるのかがみえてくる。

まず諸仏・諸法・諸行のすべての功徳を積み上げ、その総和で往生が果たされる。具体的には読経や経典書写、祈願、諸仏造立、堂塔建立である。またもう一つは人柄であった。慈悲深く、正直で柔和であることが必要不可欠であった。こうした宗教的・人間的な条件が揃い、初めて極楽往生ができたのである。

また紹介した事例にもある通り、熱心な念仏修行だけではなく、わざわざ身を苦しめる難行・苦行によって、仏の救いを求めた。これが平安時代の極楽往生の特徴ともいえる。これは来世が強く信じられていた証でもある。今日的な「死」である今の終わり、もしくは個人の生命の終焉というイメージでは、理解しがたい。今日的な「死」とは根本的に異なっているといえるだろう。

当時の人々は、人生の終わりに輪廻や堕地獄《だじごく》から逃れ、阿弥陀仏の極楽浄土へ往き成仏を目指す「往生」を求めたのである。

こうした地獄を忌避し、極楽往生を願う浄土教の広がりは、信仰心だけとは言いがたい側面もある。それは寺院の経済的な理由である。源信の所属する比叡山は今日的な宗教寺院というイメージとは異なる。国家鎮護の役割を果たし、国家祈祷《きとう》を行う側面。また貴族の門弟から民衆の子まで幅広く受け入れ学べる学校や図書館といった側面。更には政権にも圧力をかけ多くの所領を有し、裁判も行う世俗的な側面があった。比叡山は平安時代における日本最大の寺院組織であり、運輸業・金融業なども行っていた。この金融業で、支配している百姓達へ貸付も行っていたので、「寺への返済が滞ること」即ち「地獄へ落ちること」という刷り込みが行われていたのである。

比叡山に限らず、民衆を動かすために宗教思想が用いられたケースがある。門徒達が起こした一向一揆は最も有名な事例であろう。旗印に「進者往生極楽、退者無間地獄」とあり、宗教的な思想がうまく利用されている。

3章

極楽への旅

さて、3章はいささか趣向を変えて旅について考えてみたい。現代において京都や奈良の神社仏閣に参詣することはツーリズム、観光旅行が多いだろう。実際に仕事で京都へ行くと、日本人の旅行者をはじめ海外の旅行者も多く、市バスに乗ればどこの国かと思うほどの多言語が錯綜している。

ではこうした神社仏閣への参詣の、根源とは何か。やはり現世利益《げんせりやく》や極楽往生をしたいと願う心だろう。そうした旅についてみていこう。

藤原道長の旅

旅といえば、何かしらの観光目的を持った旅が多い現代だが、古代や中世ではどうか。古代では遣隋使・遣唐使をはじめ、日本・朝鮮半島・中国間の交流があり、文化が伝播している。また中世では『十六夜日記《いざよいにっき》』（著者は阿仏尼、弘安6年（1283）頃成立）などをはじめとする紀行文も多い。しかし、気をつけなければならないのは、古代や中世の旅は、目的のある移動手段だということだ。旅ができるのは一部の特権階級や、商人が中心である。特に史料に遺っているのは、特権階級の旅ばかりといってよいだろう。例えば、藤原道長の比叡山参詣や、歴代上皇の熊野詣《くまのもうで》である。

藤原道長といえば前述の通り、平安時代に摂関政治の最盛期を生み出した貴族である。道長は一条天皇の内覧の宣旨《せんじ》を受けてから人臣の長として、終生立場を維持していた。長保元年（999）に長女・彰子《しょうし》を一条天皇に入内《じゅだい》させ、寛弘8年（1011）には次女・妍《けん》子《し》を三条天皇に、寛仁2年（1018）には三女・威子《いし》を後一条天皇に入内させている。「一家に三后」を出し天皇家の外戚としての地位を確立する。

『源氏物語』の主人公である光源氏のモデルになったといわれている道長だが、位人臣を極めた彼ですら、来世での極楽往生を願った。道長は『往生要集』を編んだ源信とも親しく祈祷依頼を行っている。それは道長の日記である『御堂関白記』に記されている。

また寛弘2年（1005）には、当時随一の能書家の誉れも高かった藤原行成《ふじわらのゆきなり》に『往生要集』を貸し出し、写本を求めている様子が、行成の日記である『権記《ごんき》』の寛弘2年9月17日に記されている。

詣左府、返奉往生要集、被召新寫自筆、仍奉、賜本要集、参衙、有政（『史料纂集　権記』三、八木書店）

道長から借りた『往生要集』の原本を賜り、自ら写本としたものを返却したとある。

こうした道長の信仰は、単に『往生要集』を読むことに留まらず、比叡山や金峰山《きんぷさん》、高野山などへの参詣を行っている。政権のトップに立つ者が自らの信仰を優先し京都を離れることは、他の貴族から批判されることもあった。当時、賢人右府と呼ばれた藤原実資《ふじわらのさねすけ》は、一上《いちのかみ》（左大臣道長）が都の外へ出るのは前例のないことだ、と非難している（実資の日記『小右記《しょうゆうき》』長徳3年（997）9月20日）。それでも道長は批判を気にすることなく、参詣を繰り返している。

特に金峰山参詣（御嶽詣《みたけもうで》）は、重要であろう。寛弘4年（1007）に行われた参詣では8月2日に京都を出発し、11日に山で行事を行い14日に帰京している。山頂では「金泥《こんでい》法華経《ほっけきょう》」や「弥勒経《みろくきょう》三巻」、「阿弥陀経・般若心経各一巻」が埋経された。埋経とは文字通り経典を埋めることだが、この宗教的な習俗は道長によって始められたものといってもよい。後世の江戸時代になってから、この埋経が発見され趣意は確認されている。そこでは来世における極楽往生への祈願がなされていた。

天皇家の熊野詣

次に天皇家は何か参詣をしていないのだろうか。天皇は在位中、清浄性を求められ、自らの足で直接地面を踏むことすら許されてはいなかった。天皇も退位し、太上《だじょう》天皇つまり上皇となると比較的自由がもたらされる。特に中世前期の上皇達は、天皇家の家長である

「治天《ちてん》の君」となって絶大な権力と財力を有し、道長達の摂関政治に代わって、政権運営を担うようになる。また天皇家も道長と同様、来世での極楽往生を願い、寺社へ参詣した。天皇家が行った参詣で代表的なものといえば、熊野詣であろう。

古代から中世までで歴代9名の上皇が熊野詣を行っている。宇多院《うだいん》・花山院《かざんいん》・白河院・鳥羽院《とばいん》・崇徳院《すとくいん》・後白河院・後鳥羽院・後嵯峨院・亀山院である。

宇多院や花山院が、一度しか熊野詣を行っていないのに比して、白河院は12回、鳥羽院は23回、後白河院は33回、後鳥羽院は28回と多い。4人で100回ほど行っている計算になる。行列は数千名を超える場合もあり、期間も1ヶ月にも及ぶ例もあった。

ではなぜ、そこまでして熊野に参詣しようとしたのだろうか。

熊野信仰は、日本全国にある熊野神社の総本社である熊野三社に対する信仰である。熊野三社とは、熊野本宮《ほんぐう》大社・熊野速玉《はやたま》大社・熊野那智《なち》大社からなる。特に本宮と速玉は古代の律令制で定められた官社の一覧である『延喜式』神明帳にも記載されている。熊野は立地的に山岳修行を行う修験道《しゅげんどう》の修行地として古来より信仰されていた。それが平安時代になって浄土信仰が盛んになると、「浄土」として位置づけられるようになる。天皇家の熊野詣の他、御師《おし》の宿に泊まり参詣する熊野詣も次第に盛んとなる。民衆も近世になると頻繁に参詣をするようになり「蟻の熊野詣」と呼ばれるようになる。また熊野信

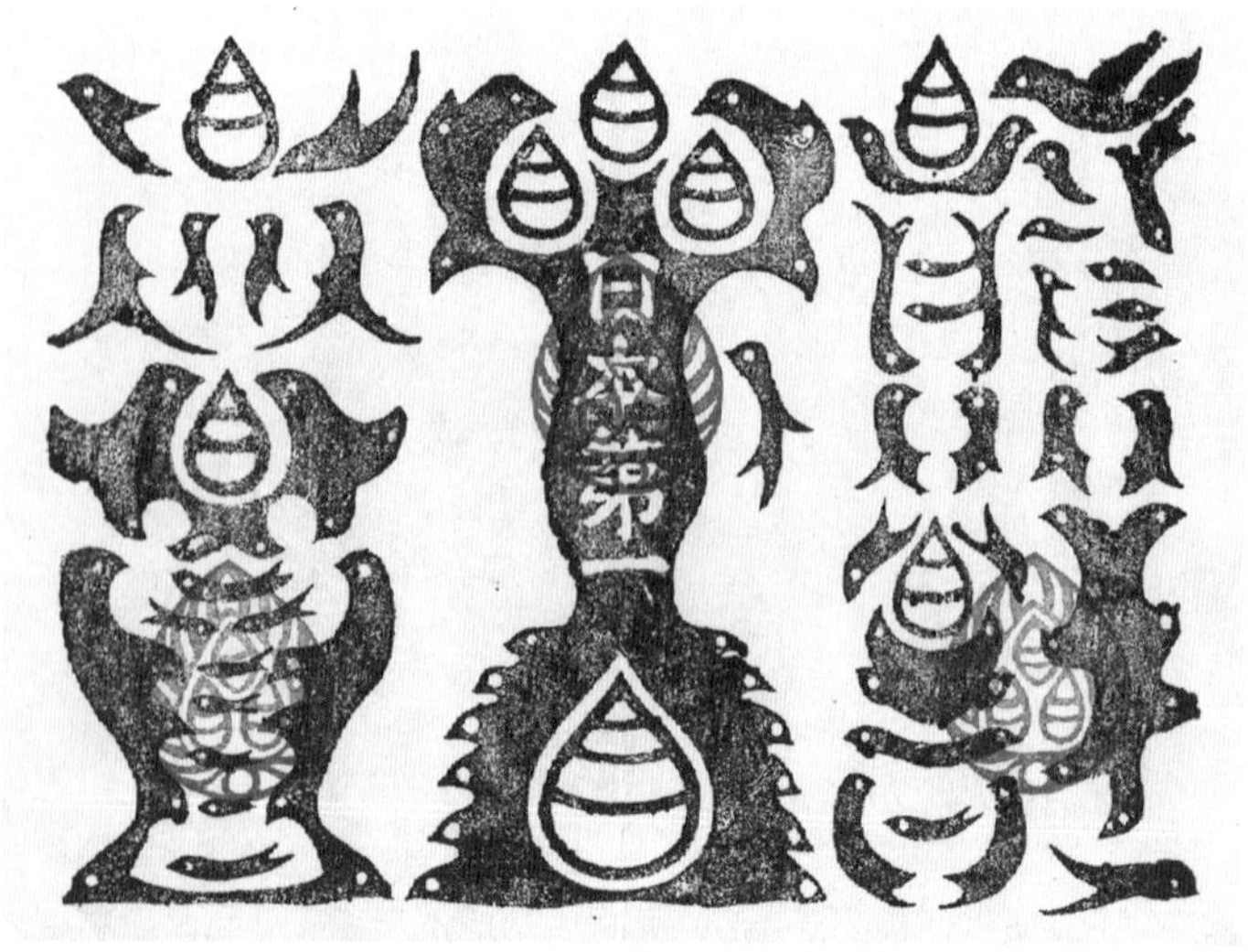

熊野山宝印（熊野本宮大社のもの）

仰で有名なものに「熊野牛玉宝印《ごおうほういん》」があげられるだろう。

熊野牛玉宝印は、御師が版木を背負って全国を廻り、檀那（参詣宿泊者）となる人々に御札を刷って頒布したもので、今日でも熊野三社で求めることができる。

熊野牛玉宝印は、中世や近世の誓約書である起請文《きしょうもん》にも用いられ、落語で有名な「三枚起請」にも登場する。烏をモチーフとして文字が描かれた版木は、1枚刷るごとに熊野三社の神の使いである烏が3匹死ぬともいわれていた。

熊野三社は、それぞれ主神が別に

熊野の地図

あり本宮大社が家都御子神《けつみこのかみ》。新宮熊野速玉大社が熊野速玉男神《くまのはやたまおのかみ》、熊野那智大社が熊野牟須《くまのふす》美神《みのかみ》とされている。これらの神は日本古来の神道の神である。しかし、仏教が伝来すると次第に日本古来の神は、仏と同一視されるようになる。こうした信仰を「神仏習合」というが、次第に神は仏が仮の姿で顕われたものであると考えられるようになる（これを本地《ほんち》垂迹《すいじゃく》という）。

　神社でも神が本来は仏であるという設定がなされる。ある神の本来の仏として設定された仏を本地仏《ほんじぶつ》といい、熊野三社でも同様に設定されていく。

　熊野本宮大社の家都御子神は阿弥陀如来、新宮熊野速玉大社の熊野速玉男神は薬師如来、熊野那智大社の熊野牟須美神は千手観音である。この三神は、本来は仏である「権《ごん》現《げん》」と考えられ、熊野三社は「熊野三所権現」と呼ばれるようになっていく。

熊野は前頁の地図をみてもわかる通り、和歌山県（旧国名でいうと紀伊国）の南端に位置する。北から田辺市本宮町の熊野本宮大社、新宮《しんぐう》市の熊野速玉大社、那智勝浦町の熊野那智大社である。そして三社への参詣道である熊野古道は紀伊田辺から西から東へと延びている。

熊野三所権現は阿弥陀如来、薬師如来、千手観音であるが、浄土信仰において、阿弥陀は西方浄土、薬師如来は東方浄瑠璃浄土、千手観音は南方補陀落《ふだらく》浄土の仏と考えられている。こうして熊野は浄土の地として位置づけられるようになっていくが、この過程で注目すべきは、熊野側の熱心な布教活動である。ちょうど、この熊野三所権現の信仰が盛んになっていく際に、熊野別当家と呼ばれる三所を総括する役職ができる。熊野街道は天皇家の信仰を後ろ楯として、今日我々がみることができる石畳の「古道」が整備されていくのだ。この古道は、2000年には「熊野参詣道」として国の史跡に指定され、2004年には「熊野古道」としてユネスコの世界遺産に登録された。世界遺産に登録されている日本の宗教文化はこうして成立してきたのだった。

それでは実際に熊野詣をした史料を紐解いてみよう。三井文庫には中世の貴族であり歌人の藤原定家（1162～1241）が記した『熊野御幸記《ごこうき》』がある。現在は国宝に指定されているこの文化遺産は天皇家の熊野参詣の詳細がわかる格好の史料である。

藤原定家は新古今和歌集などの撰者となっている歌人だが、本来は朝廷に仕える公卿である。特に後鳥羽院にその才能を愛されていた。

『熊野御幸記』は後鳥羽院が建仁元年（1201）10月に行った熊野詣の記録であり、旅の経過や行事、更には定家の心情などが豊かに記されている。八木書店から『国宝　熊野御幸記』として刊行されている。

では内容をみていこう。正しくは「熊野道之間愚記《くまのみちのあいだぐき》」とあり、10月5日から27日まで記された1巻本である。5日の記事では、

猶々此供奉世々善縁也、奉公之中、宿運令然、感涙難禁、

とあり、「それにしても、今回の（熊野への）供奉《ぐぶ》（おとも）は前世・来世にとっての善縁である。（後鳥羽院に）奉公している中で宿命が実現し、感涙を禁じ得ない」と述べている。主人である後鳥羽院の熊野参詣に同行すること自体が、前世や来世にとっての善縁である、と述べているのは興味深い。更に本宮にいる17日の記事では、

此間参御前、心閑奉礼、所祈者只出離生死、臨終正念也、

とあって後鳥羽院が翌日新宮に下向する予定の中、院の御所へ参仕したところ、行事が行われていた。その間の定家の心情を「この間に、御前へ参詣し心静かに拝礼を行った。祈ったことはただ生死の迷いから離れて、念仏し極楽往生を遂げることである」と表わしている。定家は、このように主に付き従い熊野詣ができたことを縁として、自らが極楽往生できることを願ったのである。

定家が感涙し、浄土と模された熊野はどのような光景だったのだろうか。それは、時衆《じしゅう》（時宗）の祖である一遍の生涯を描いた『一遍聖絵《ひじりえ》』（『一遍上人絵伝《しょうにんえでん》』）にある。

一遍は、伊予水軍の河野《こうの》通広《みちひろ》の子として延応元年（１２３９）に生まれた。10歳の時に母が亡くなり出家し天台宗の僧侶となる。法名は随縁。九州で浄土宗の教えも学ぶ。しかし弘長３年（１２６３）、25歳の時に今度は父が亡くなり伊予国に戻って還俗《げんぞく》するが、文永８年（１２７１）に再び出家する。以降、全国を旅しながら修行を積み、参籠《さんろう》した熊野本宮で、阿弥陀如来の垂迹した姿である熊野権現に遭遇する。阿弥陀如来は白髪の山伏姿であった。如来は一遍に衆生済度《しゅじょうさいど》（苦しみから救い悟りの世界に導く）のため念仏札を配るようにお告げをする。一遍は喜び、それから更に全国を巡り、踊り念仏を始め、正応《しょうおう》２年（１２８

9）に摂津国兵庫津（現在の神戸港）の観音堂で入滅する。彼の遊行《ゆぎょう》と、率いた時衆は後に時宗と呼ばれる宗派となる。

いささか説明が長くなったが、一遍が熊野権現に遭遇しお告げを受けることは、一遍の生涯の中でとても重要なポイントである。彼の生涯を描いた絵巻は、『一遍聖絵』『遊行上人縁起絵』と2系統に分かれるがいずれの絵巻でも、熊野本宮でのエピソードは描かれている。特に『一遍聖絵』は熊野本宮を俯瞰した状態で描いており、鎌倉時代の熊野本宮の構造がわかるとても貴重なものだ。本宮の本殿である証誠殿《しょうじょうでん》や回廊がどのように配置されていたのか、詳しく描かれている。

また本宮だけではなく、熊野までの参詣の道程も描かれており、山の険しさや大きさがわかる。今日でも紀伊半島の南部は道が険しい箇所が多い。例えば国道425号線は、日本三大酷道とも称されるほどである。

そのような道程を一遍もそうだが、歴代上皇達も貴族達を連れて参詣していたのであった。

今でも熊野へ旅行をしてみるとわかる通り、紀伊半島の南端への旅は不便なものだ。残念ながら利便性に優れているとは言いがたい。しかし、こうした立地条件の悪さを克服し、経済的に自立を図るという命題のもと、熊野別当をはじめとして御師達は積極的な布教活動を行う。その宣伝活動の一環が熊野牛玉宝印の頒布であり、浄土としての熊野が定着していくのである。

熊野山内には、祈祷師であると同時に、宿泊所となる御師の家がある。全国に散在する熊野山伏を先達として、参詣者の道案内をしたことも参詣の発展に寄与していく。この宿に泊めること、更には道案内をすることは、日本の巡礼ツーリズムの魁《さきがけ》といえるだろう。

伊勢へ

近世はいわば民衆が旅をすることができるようになった時代である。徳川幕府によって平和が保たれ制約はあるものの、武士階級のみならず民衆も旅行が比較的容易になった。

また、近世という時代は別の章で後述するが、有力寺院が中世の時に力をそがれ、本山末寺制や寺請《てらうけ》制度（キリシタンでないことを寺が証明する）といった政権による枠組みにはめられ、取り込まれた時代でもある。つまり宗教が本来行うべき魂の救済から、葬式を中心とした行事を行う仏教へと変化していったのだ。特に寺壇制度は民衆の一人ひとりがどこかの寺に所属するもので、生活にその寺や宗派の行事が浸透していく。例えば葬式や年忌法要、お盆や彼岸といった先祖供養の他に、釈迦の誕生を祝う灌仏会《かんぶつえ》や釈迦が悟りを開いたことを祝う成道会《じょうどうえ》、釈迦の入滅の日に行われる涅槃会《ねはんえ》などにも民衆が参加するようになる。更には宗派によって祖師に関する行事もある。また縁日参りやご開帳といったものが浸透・定着するのもこの時代だ。

縁日参りは、観音さまや薬師さん、お地蔵さんの縁日（有縁の日）に寺へ参拝することだ。ご開帳は本尊や祖師の像を信者へ公開することだが、公開する際には檀家が寺院へ参拝することになる。このような行事の定着は、堅苦しいものではなく、娯楽の一環としても機能する。つまり近世は、民衆が宗教を娯楽化した時代であったといえるだろう。


本章の主題である極楽を願う旅は、どのように行われたのだろうか。近世では、特定の寺院や神社への信仰を有する「講」と呼ばれるコミュニティが広まり、講を中心とした集団参詣が盛んに行われるようになった。

講は仏教講究の研究集会や、仏教儀礼執行の法会《ほうえ》などを指す言葉である。平安時代以降行われていた法華経全8巻を講説する法華八講が今日の講の起源とされている。これが民衆に広がり、信仰集団の名称として名付けられるになった。

具体的には以下のような講がある。

伊勢講　　伊勢神宮参拝
富士講　　富士山登拝

金比羅講《こんぴら》　象頭山松尾寺金光院《ぞうずざんまつおじ》（香川）参拝
羽黒講《はぐろ》　出羽三山（山形）参拝
稲荷講《いなり》　伏見稲荷神社参拝
秋葉講　秋葉山（浜松）参拝
津島講　津島神社（愛知）参拝

自然崇拝や道教的、仏教的な信仰に基づくものなど様々ある。これらの講が今日でも機能している地域もある。

集団で旅をして参詣をする講としては、伊勢講や富士講、羽黒講といったものがある。これらは単に信仰としての旅のみならず、娯楽としての今日的なツーリズム的な側面もあった。

伊勢講をはじめとして、民衆が伊勢神宮へ参詣する「おかげ参り」は近世の宗教的な旅の中で最もポピュラーなものといえる。

江戸の他、諸藩で管轄されていた民衆、特に農民の移動には制限があったものの、伊勢神宮の参拝に関しては許される風潮があった。例えば江戸から伊勢神宮までは片道15日程度だったが、関所手形があると伊勢神宮だけではなく京都や大坂を見物する事例や、高野山にも参詣したり、はたまた四国のお遍路を廻るようなつわものもいたようである。こうした伊勢神宮への参拝は宗教的要素の他、娯楽性も高かったといえるだろう。

伊勢神宮への参詣は、近世後期に盛んになるといわれている。特に宝暦2年（1705）、明和8年（1771）、文政13年（1830）の各年の群参は爆発的な流行であった。宝暦2年のおかげ参りは推定で2ヶ月間で330～370万人が参詣したといわれている。伊勢国松阪に住していた国学者の本居宣長《もとおりのりなが》（1730～1801）は著書『玉勝間《たまかつま》』（1793～1801執筆）で4月上旬から1日に2000～3000人が松阪を通過したと記している。

文政13年に際しては、この頃既に群参が60年周期で流行すると考えられるようになっており期待感が高まる中で1年フライングでブームが起こった。特徴的なのは文政の時に群参した民衆は、ほとんどが柄杓《ひしゃく》を所持していた点である。今日遺されている伊勢神宮参詣の絵をみた際に、もし柄杓があれば、それは文政の群参といえる。

江戸時代のおかげ参りに限らず、近年の伊勢遷宮《せんぐう》（20年ごとに新しい社殿に遷る）でも多くの参詣客が、伊勢神宮へ集まる。以前、伊勢への調査へ行った時に、古市《ふるいち》街道を歩く機会を得た。

古市街道とは、外宮《げくう》と内宮《ないくう》を結ぶ街道の一つで、間の山を越える道程だ。内宮を基点とすると、おかげ横町から猿田彦神社を経由して牛谷坂を登り、古市を経由して外宮に辿り着く。この古市で、江戸時代に伊勢参詣を終えた民衆は精進落としを楽しんだ。古市は江戸時代に日本三大遊郭とも称された、遊郭や芝居小屋といった歓楽の町だった。全盛期に遊郭は70軒、遊女は1000人を超え油屋、杉本屋、備前屋などは、その名が全国に聞こえた楼閣であった。寛政8年（1790）に油屋で起こった刃傷《にんじょう》事件は、すぐさま人形浄瑠璃となって上演され、歌舞伎「伊勢音頭恋寝刃《いせおんどこいのねたば》」として今日でも演じられている。

油屋は近代となってからは旅館として営業するものの、第二次世界大戦の時に焼失して今は跡に碑が遺るのみだ。古市街道を歩いても遊郭だった面影を偲ばせるものは何も遺されていない。しかしこうした歓楽は民衆にとって、参詣とともに旅行の醍醐味だったといえるだろう。

巡礼の旅

伊勢神宮や熊野三山、出羽三山、富士山など、特定の神社や寺院を目指した旅が流行していく中、複数の寺社を巡る旅も登場してくる。代表的なものが西国・坂東の三十三箇所巡りと秩父の三十四箇所巡りや、四国八十八箇所のお遍路である。

三十三箇所は、観世音菩薩《かんぜおんぼさつ》の霊場であり、三十三観音や三十三番札所とも呼ばれる。近畿で平安時代頃から起こったといわれており、各地に生じると地方名を冠して区別するようになった。この三十三は『法華経』普門品《ふもんぼん》にある観世音菩薩が衆生救済のため、三十三身として現れるというものだ。

坂東の三十三箇所は現在の神奈川県・埼玉県・東京都・群馬県・栃木県・茨城県・千葉県の広範囲にわたるもので、一説には鎌倉幕府を創った源頼朝が発願し三代将軍の源実朝が札所を制定したといわれている。一番札所は鎌倉の杉本寺で、三十三番札所は千葉県の館山市にある那古寺《なごじ》である。秩父の三十四箇所は、巡礼を求める民衆のニーズによって創出されたもので、秩父地方の人々が廻りやすいものに設定されている。こうした地方における巡礼の旅は、信仰の現れというよりも娯楽化の現れといってよいだろう。

もう一つ、巡礼の旅で欠かせないのが四国八十八箇所の旅であろう。今日でも多くのお遍路が四国を巡っているし、マンガや例えば「水曜どうでしょう」などのテレビ番組でも取り上げられたりしている。

阿波国（現在の徳島県）を発心《ほっしん》の道場、土佐国（現在の高知県）を修行の道場、伊予国（現在の愛媛県）を菩提《ぼだい》の道場、讃岐国（現在の香川県）を涅槃の道場と呼ぶ。

平安時代末期の『今昔物語集』に修行僧の一群があったことが記されているが、近くの熊野信仰や、大師信仰からも影響を受け成立していく。中世の戦国時代になると「八十八箇所」と記された史料が登場する。

さて、この四国遍路の特徴的な点は、ガイドブックが整備されることである。元禄2年（1689）の『四国遍礼《へんろ》霊場記』（高野山の僧である寂本が執筆）は、巡る順を表記しておらず、また九十四箇所を紹介しているが、ガイドブックとしては時代の早いものだ。

巡礼に限らない全国的な旅行ガイドブックとしては、八隅蘆菴《やすみろあん》が記した『旅行用心集』（文化7年（1810）がある。朝寝坊はするな、色欲を慎むようになど、61箇条に亘り、旅に際して用心するポイントをあげている。

中世までは個人の「旅行記」しか存在しなかったが、近世になると出版の隆興も相まって、ガイドブックが多く編み出されるようになる。

極楽往生を目指す旅や、現世利益・追善の旅、そしてそれらが娯楽化していく旅を紹介してきたが、極楽の逆である地獄に関しても旅は存在する。

最も著名なのが本州最北端の恐山《おそれざん》だろう。比叡山・高野山とともに日本三大霊山とも呼ばれる恐山は、地蔵信仰と死者への供養の場として、地域の人々に信仰されてきた。

明治25年（1892）、作家の幸田露伴《こうだろはん》が記した紀行文「易心後語《えきしんごご》」には怪異な風景とあり、血の池など地獄に類する名称が山の中の場所につけられていたことがわかる。

また九州の別府では、血の池地獄・海地獄・鬼石坊主地獄《おにいしぼうず》・山地獄・かまど地獄・龍巻地獄・白池地獄・鬼山地獄といった8箇所の奇観を「地獄」として巡ることが江戸時代から行われているとして、昭和初期には観光名所化し平成21年（2009）には4つの地獄が国の名勝として指定されている。

死に関わる旅について取り上げてきたが、最後に死出の旅に向かう死者と出会う寺について紹介したい。

富士山にお参りをした際に、セットとして神奈川県の伊勢原市にある大山《おおやま》へ詣でる信仰があった。富士山と大山の両山の登山で「両参り」とし、富士山だけの登山を「片参り」として忌むものだ。そのため大山は浮世絵で富士山とセットで描かれることが多い。

さて、この大山は明治の神仏分離がなされるまでは、神仏混淆《こんこう》の修験（山岳修行）信仰の霊場とされ大変栄えていた。今では阿夫利《あふり》神社と大山寺が分けられている。山を登るには男坂・女坂とあるが、今日では山麓からの大山ケーブルカーがあり、気軽に神社も寺も参詣することができる。大山ケーブルカーに辿り着く手前に、茶湯寺《ちゃとうでら》と呼ばれる寺があるが、正式な名前は誓正山茶湯殿涅槃寺《せいしょうざんちゃとうでんねはんじ》といい、浄土宗の寺院である。

茶湯寺にはとても興味深い習俗が遺されている。「茶湯寺参り」と呼ばれるもので、死者が亡くなってから100日、もしくは101日目に、この茶湯寺へ参詣すると死者と会えるというものだ。仏弟子《ぶつでし》となった死者は四十九日を経て「あの世」へと旅立ち、100日目に極楽へと辿り着く。101日目に死者が極楽へ往生したことに対して、親族が大山へお礼参りをする際、死者が茶湯寺の石段で待っているというものだ。伊勢原市をはじめ、相模原市や厚木市、平塚市、茅ヶ崎市など大山を望むエリアで、この習俗は遺されていた。

こうした死者と会うことができる寺院は茶湯寺だけではなく地域によって様々存在する。死出の旅に向かった故人を偲び、会いたいと願うこの世に残された人々の思いがあったといえるだろう。

4章

生きている者のための葬送儀礼

滝田洋二郎監督作品の『おくりびと』は、平成20年（2008）に封切られた日本映画で、第81回アカデミー賞外国語映画賞を受賞した作品である。主人公役の本木雅弘が納棺師となって成長していく姿を描いたものだ。いま本書を読まれている方の中でも、ご覧になった方は多いのではないだろうか。

湯灌の様子　横浜開港資料館所蔵

この主人公の仕事である納棺師は、文字通り死者を棺に納める人のことで、それに伴う作業や関連商品を販売する職業だ。葬儀に際し経帷子《きょうかたびら》に着替えさせ、死に化粧を整えるさまは、日本独自のものといってよいだろう。

経帷子や死に化粧を施して葬儀を行うことは、死者に対する供養の一環である。写真は明治初期に湯灌（葬儀に際し遺躰を入浴させ洗う）を模して撮影されたものである。これは外国人などに販売された写真と考えられており、海外の人々にとって、こうした供養の在り方はとても珍しかったといえる。

本章では、1章でも取り上げた葬送儀礼について振り返りつつ、日本の葬儀の流れや供養の在り方について歴史を紐解いていきたい。

生と死のあいだ

葬儀とは葬送儀礼の略であり、死者を葬りあの世へ送り出す儀礼である。葬送儀礼は、死者のために行うものと考えがちだが、死者には感情や知覚はない。死者のためというよりも、死を受け入れる側、つまり生者のための儀礼なのである。

これは、ある人の「死」を受け入れる社会的な行為といえるだろう。

病床で亡くなったあと、葬儀会社が差配をして、自宅もしくは葬儀会場で儀礼を執り行うのが一般的であろう。葬送儀礼はこの亡くなった直後のものだけでなく、火葬・納骨・年忌といった際に行われる儀礼も含まれている。

1章で述べた通り「死」について研究したロベール・エルツの学説では、葬儀を構成する3つの処理は、

①遺骸の処理

②霊魂の処理
③社会関係の処理

である。生者と死者との関係を一度は「切断」し、改めて「接続」する手続きである。

それでは実際に、葬送儀礼の流れをみてみよう。
現代の一般的な葬儀の流れは次のようなものである。

①枕飾り・葬儀打ち合わせ・納棺
②通夜
③葬儀・告別式
④火葬・骨上げ
⑤還骨法要
⑥初七日法要
⑦四十九日法要

最後の⑦四十九日法要は忌《い》み明《あ》け法要とも呼ばれ、喪中から明けることを意味する。

なお、③にある告別式は現代の葬儀ではとてもポピュラーなもので、有名人が亡くなると青山葬儀所などで友人が別れを告げるスピーチを行う姿が度々ニュースにもなっている。平成20年（2008）に亡くなった漫画家の赤塚不二夫の告別式でタモリが白紙の用紙を視つつ「私もあなたの数多くの作品の一つです」と述べたスピーチは記憶にも新しい。

この告別式は、明治34年（1901）に思想家・ジャーナリストであった中江兆民の葬儀で初めて行われた。遺志として宗教性のない形での葬送儀礼を考え生み出したものだ。つまり葬儀などとセットになっているものではなかったのである。大正年間くらいから次第に一般的な葬送儀礼に取り入れられている。

次に「伝統的」、といっても1960〜70年代頃までに行われていた日本の葬送儀礼について振り返ってみよう。

死亡当日　枕経や枕念仏（臨終勤行《ごんぎょう》ともいう）
死亡翌日（通夜）　葬具作り、通夜経、添い寝
死亡3日目　早朝に鉦《しょう》叩き、葬式告知→出立ち経→行列で寺へ向かう（野辺送り）
→寺の本堂で葬儀→焼香→寺へ向かい埋葬→参列者へ食事
死亡4日目　精進落とし

こうした伝統的な葬送儀礼の特徴は、タイムラグがあるという点だ。実際の葬儀は死亡3日目に行われている。これは生と死のあいだに、霊魂の遊離の時間があると考えられており、たとえ息を引き取ったとしても、完全な死とは考えず蘇生する可能性があると思われていたからである。死者の蘇生を期待する儀礼は「魂呼《たまよ》び」といわれ、臨終の前後に行われている。魂呼びは死者に向かって大声で呼んだり、屋根に上って名前を呼ぶなど全国で様々な事例がある。現代の日本人の感覚とは異なり、生と死とのあいだにタイムラグがあることを示している。葬送儀礼とは段階を踏んで生者が死を受け入れていくものだが、伝統的な葬儀はその期間が長い。

平重衡の死躰

更に遡って古代・中世の葬送儀礼について振り返ってみよう。1章で紹介した『餓鬼草紙《がきそうし》』は、葬送儀礼と墓の在り方を示している。庶民は風葬され、貴族達は火葬されて埋葬されている。風葬というと、現代人の眼からは死躰を捨てているだけのようにみえるかも知れないが、捨てているのではなく葬っている場合もある。それを示すように風葬に供物が供えられている場合もある。

風葬の場合は、死躰が犬や烏などに食われて運ばれる九相図《くそうず》の「噉相《たんそう》」が発生する。これに伴って犬が死躰や骨を邸宅に持ってくる触穢《しょくえ》が多発した。12～13世紀の貴族の日記を捲っているとよくみられる事例だ。死躰の一部が邸宅で発見されると7日の穢《けがれ》、死躰全体で30日の穢となる。

こうした風葬された姿は、様々な説話にも現われている。次に掲げるのは『今昔物語集』の巻二十九第十八「羅城門《らせいもん》の上層に登り死人を見たる盗人の語《こと》」である。

今昔《いまはむかし》、摂津《つ》の国辺《くにほとり》より盗《ぬすみ》せむが為に京に上ける男の、日の未だ明かりければ、羅城門の下に立隠《たちかく》れて立てりけるに、朱雀の方に人重《ひとしげ》く行ければ、人の静まるまでと思て、門の下に待立《まちた》てりけるに、山城《やましろ》の方より人共の数来《あまたき》たる音のしければ、「其れに見えじ」と思て、門の上層《うはこし》に和《やは》ら掻《かか》つり登たりけるに、見れば、火《ひ》髴《ほのか》に燃《とも》したり。盗人、「怪《あやし》」と思て、連子《れんじ》より臨《のぞき》ければ、若き女の死て臥たる有り。其の枕上《まくらがみ》に火を燃して、年極《としいみじ》く老たる嫗《おうな》の白髪白《しらがしろ》きが、其の死人の枕上に居て、死人の髪をかなぐり抜き取る也けり。盗人、此れを見るに、心も得ねば、「此れは若し鬼にや有らむ」と思て怖けれども、「若し死人にてもぞ有る。恐《おど》して試む」と思て、和《やは》ら戸を開て、刀を抜て、「己は己は」と云て走り寄ければ、嫗、手迷《てまど》ひをして、手を摺《すり》て迷へば、盗人、「此は何ぞの嫗の、此はし居たるぞ」と問ければ、嫗、「己が主にて御《おはし》ましつる人の失給《うせたま》へるを、繚《あつか》ふ人の無ければ、此て置奉《おきたてまつり》たる也。其の御髪《おほむかみ》の長《たけ》に余て長ければ、其を抜取て鬘《かつら》にせむとて抜く也。助け給へ」と云ければ、盗人、死人の着たる衣と、嫗の着たる衣と、抜取てある髪とを奪取《ばひとり》て、下走《おりはしり》て逃て去にけり。然て其の上《うへ》の層《こし》には、死人の骸骨《がいこつ》ぞ多かりける。死たる人の葬《はうぶり》など否為《えせ》ぬをば、此の門の上にぞ置ける。此の事は、其の盗人の人に語《かたり》けるを聞継《ききつき》て、此く語り伝へたるとや。（岩波文庫）

この説話は、芥川龍之介の「羅生門《らしょうもん》」（大正4年（1915））として近代文学で再生され、更には黒澤明によって映画化（昭和25年（1950））されている著名なものだ。摂津国から盗みを働こうと京に上ってきた男が羅城門の下で隠れていた。しかし朱雀大路《すざくおおじ》は人通りも多く、姿を隠すため上層へ登る。そこで若い女の死躰から老婆が髪を抜いているのをみつけ、話は展開する。

羅城門とは平安京の朱雀大路南端にある門で、都の正門である。この都の正門の上層には死人の骸骨が多かったようである。風葬は葬儀費用がないという消極的な理由の場合も多々あっただろう。しかし、天皇の子であっても7歳までに死去すると風葬にされた。平安後期の貴族である源俊房《みなもとのとしふさ》の日記『水左記』には「七歳のうちは、尊卑は同じ事である。まだ人ではない」という記事がある。風葬には単なる経済的な理由だけではなく、別の理由もあったようだ。

また別の史料をみてみよう。古代・中世といえば武士も活躍した時代であり、古代末期は治承・寿永の乱と呼ばれる源平合戦が行われた。平清盛を中心とした平家一門の栄華と没落を叙述した『平家物語』には平家一門の武士の死も多く記されている。

『平家物語』巻十二には、南都焼き討ちを行った平重衡《たいらのしげひら》が亡くなる記事がある。彼は鎌倉幕府に捕らえられ鎌倉へ送られるが、焼き討ちを恨んだ南都の大衆《だいしゅ》（僧達）に引き渡され文治元年（1185）に山城国の木津河原で斬首される。

妻の大納言佐殿《だいなごんすけどの》は、首はなくとも「躯《むくろ》」は捨て置いてあるだろうと、輿《こし》を派遣して探させたところ、胴体は河原に捨てられていた。この頃の処刑では死躰はその場に放置されることが多かった。そこで大納言佐殿は胴体を引き取り、また南都の大衆から首も返してもらい火葬して日野に墓を建てたという。

この重衡の事例では聞こえた武士として、妻が葬儀をしてくれたものの、武士の合戦での死や、刑死では風葬とされる場合が多かった。

天皇家・貴族たちの葬儀

ここまでは庶民や武士について注目してきたが、ここからは比較的史料の多く遺る天皇家や貴族たちの葬送儀礼を振り返る。

まず沐浴や入棺・骨拾の葬送儀礼の実務は、近親者が行っていたようだ。これは天皇でも例外ではない。身内に死者が出ると、京都郊外の安置所に遺骸を輸送し、そこから葬列を出す。先に記した「伝統的」な葬送儀礼の野辺送りでは自宅から火葬場までを行列として進むが、平安時代では行っていない。葬列を見る・見られることを憚《はばか》ってのことといえよう。例えば長元9年（1036）4月17日に清涼殿で崩御した後一条天皇の葬儀の際、装飾は天皇家であっても黄幡（旗）のみで、棺の廻りは行障《こうしょう》という移動式の幕で覆われたという（『左経記』）。これらは天皇の死骸であっても、穢を避けるために取られた措置といえよう。特に後一条天皇は在位中に急死したという事情もあった。

この他、細かい点で史料を紐解きわかることがいくつかある。まずは火葬の燃料だ。平安時代は薪が用いられ、末期になると藁が用いられるようになる。平安時代末期から鎌倉時代初期にかけての貴族である九条兼実《くじょうかねざね》（1149〜1207）の日記『玉葉《ぎょくよう》』文治4年（1188）2月28日には、息子の九条良通《よしみち》の葬儀の内容が記されているが、藁を用いることが「近代の工夫」とある。また葬送儀礼は夜に行われるのが通常であった。

また葬送儀礼の際には、逆さ屏風を立てる。これは故意に行うもので、日常とは逆の行為をするわけだ。

現代の感覚でいえば、葬送儀礼で重要なのは墓標だろうか。三回忌、七回忌といった年忌の追善供養に墓標は欠かせないだろう。しかし、年忌や墓標といったものも決して不変ではない。貴族などの墓として石塔が造られるようになったのは平安末期頃からといわれている。平安末期の院政期から鎌倉時代にかけて年忌供養が普及してきて、永続的な墓標が必要となったためだ。

それ以前の平安時代には、10世紀頃まで年忌といえば1周忌のみであり、「はて」(果て)と呼ばれていたという。平安時代の摂関家の最盛期を作り上げた藤原道長も鳥部野で火葬され、万寿2年(1025)木幡《こはた》に埋葬されたといわれているが、特定の墓は遺されていない。

年忌が実際に行われるのは、墓標ではなく寺院である。藤原鎌足の忌日を結願(満願)とする南都興福寺の維摩会《ゆいまえ》。藤原忠平の法性寺御八講《ほっしょうじ》、道長の法成寺御八講《ほうじょうじ》など摂関家にとって重要な人物の忌日には寺院で仏事が行われた。天皇家も同様である。

こうした行事は毎年ではなく、三回忌・七回忌といった特定の年に仏事を行う習慣が成立する背景には、十王信仰の伝来がある。十王信仰とは、冥界の十王に順々に裁きを受ける十仏事のことで、初七日・二七日《ふたなのか》・三七日《みなのか》・四七日《よなのか》・五七日《いつなのか》・六七日《むなのか》・七七日《なななのか》(四十九日)・百か日・一周忌・三回忌の10回を指した。これに七回忌・十三回忌・三十三回忌が加わり、十三仏事となり現代に至る。

七回忌と三十三回忌の普及は、鎌倉末期まで待たなければならない。これは石塔が普及した結果といえる。

そもそも、古代や中世においては、埋葬地と実際に法要を行う寺院が別々に存在していた。それが十王信仰などによって年忌の供養が長らく行われるようになり、定期的な墓参りのスタイルが定着していく。更に鎌倉時代になると、施餓鬼会《せがきえ》（餓鬼に飲食を施す）と盂蘭盆《うらぼん》が習合し墓参りの史料が登場してくる。

つまり、石製の墓標は、年忌や盂蘭盆などの広がりによって、普及していく。戦国時代の貴族である三条西実隆《さんじょうにしさねたか》の日記『実隆公記《さねたかこうき》』を捲ってみると、ちょうど、盂蘭盆の時期に墓へ詣でている記事が散見される。

『実隆公記』永正《えいしょう》5年（1508）7月14日
雨降、及晩晴、早朝詣嵯峨墳墓、便路詣釈迦堂、於二尊院傾一盞、恵暁論師相逢、帰路向志乃坂墳墓、広沢池蓮葉、藕花尤奇也、又賀茂蓮池其興不浅、及晩帰宅、（『実隆公記』五下、八木書店）

早朝に嵯峨の墳墓に詣でて、とおりがけに釈迦堂へ詣で、二尊院で一盃のんで、恵暁論師と逢った。帰りには志乃坂の墳墓にも向かった、とある。

年忌や盂蘭盆に先祖を供養することが定着していたことを示すものといえるだろう。
沐浴・入棺・骨拾は平安時代まで近親者が行っていたが、鎌倉時代になると僧侶に一任されるようになっていく。

また貴族の日記でも、葬送儀礼の詳細を記した「凶事部類記《きょうじぶるいき》」が多く記されて遺されるようになる。鎌倉時代の葬儀記事の代表例である西園寺公衡《さいおんじきんひら》の『公衡公記』所収「後深草院崩御記」（嘉元2年（１３０４））などでは、実際の作業は僧侶が行うようになっている。つまり近親者が行っていた葬儀がアウトソーシングされるようになったことが、中世の鎌倉時代以降の特徴といえる。今でいう葬儀社や火葬場の役割を僧侶が果たすのだ。実務を担当するのは天台宗や真言宗といった顕密仏教（当時正統とみなされた仏教）の僧侶ではなく、浄土宗、律宗、禅宗といった新興の宗派である。

面白いのは真言宗の門跡《もんぜき》寺院の葬式寺に、同じ真言宗ではなく律宗寺院がなっているような点である。つまり、死者を追善する寺院と葬送儀礼を行う寺院は別であるケースがみられるのだ。

泉涌寺《せんにゅうじ》は京都市の東山区にある大寺院である。創建の詳細はわからないものの、鎌倉時代の月輪大師《がちりんだいし》俊芿《しゅんじょう》が広げ、律・天台・真言・禅・浄土などの兼学の道場であった。今日では真言宗泉涌寺派の総本山とされている。総門からなだらかな下り坂の先に仏殿が位置する。大寺院では門をくぐり上っていく先に伽藍《がらん》が配置されていることが多いが、泉涌寺ではその逆でとても新鮮に感じる。

泉涌寺は、別名「御寺《みてら》」とも呼ばれている。承久の乱（承久3年（1221））を経て即位した後堀河天皇が祈願所として定め、自身と息子にあたる四条天皇の陵墓が泉涌寺に建てられた。江戸時代には、後水尾天皇から孝明天皇に至る歴代の天皇が葬られており、その由来から天皇家の菩提寺《ぼだいじ》「御寺」と呼ばれるのである。

ただし、天皇を葬る寺院と、葬送儀礼を行う寺院は別々にあった。葬送儀礼を行った寺院は、「御黒戸四箇院《おくろどしかいん》」と呼ばれる寺院で、二尊院《にそんいん》・般舟三昧院《はんじゅざんまいいん》・廬山寺《ろざんじ》・遣迎院《けんこういん》がそれにあたる。この四箇寺は、律・天台・真言・浄土の兼学道場であり、宮中の仏事を司っていた。

このように、天皇家の場合も葬送儀礼を担当する寺院と、葬られ追善供養がなされる寺院は別々に存在していたといえよう。

一遍を祖とする時衆（時宗）もまた、葬送儀礼を担った宗派の一つである。宗派の道場である四条道場金蓮寺《こんれんじ》は、鳥部野に火葬場を所有していた。この他、合戦の際に陣僧を勤め、戦時中の葬送儀礼を担うようになっていく。

『太平記』（文保2～貞治6年（1318～1368）を記述）巻二十の「義貞朝臣《よしさだあそん》の頸《くび》を洗い見ること」の後半部には次のように記されている。

尾張守《おわりのかみ》、この首をよくよく見給《みたま》ひて、「あな不思議や。よに新田が顔つきに似たる所あるぞや。もしそれならば、左の眉の上に矢の疵有《きずある》べし」とて、自ら鬢櫛《びんぐし》を以て髪を掻き上げ、付いたる土を洗い落とさせて、是を見給ふに、はたして左の眉の上に疵の跡あり。さればこそとて、心付《づき》て、帯《は》きたる二振《ふたふり》の太刀を召しだして見給ふに、上は皆金銀を打ち含みて作りたるに、一振《ひとふり》は、銀を以て金の鎺《はばき》の上に、鬼切と云ふ文字を沈めたり。一振には金を以て、銀の鎺の上に鬼丸《おにまる》と云ふ文字を入られたり。この二振の太刀は源氏重代、義貞の方に伝はりたりと聞えしを、ただ今見つる不思議さよ。さては疑ひなしとて、また膚《はだ》の守《まもり》を開けて見給ふに、吉野殿より御宸筆《ごしんぴつ》にて、「朝敵征伐の事、叡慮《えいりょ》向かふ所、偏《ひとえ》に義貞が武功に在り。選ぶこと未だ他に異ならざるに、殊に早速の計略を運《めぐ》らすべき者なり。」とぞ遊ばされたりける。さては、義貞朝臣なりけりとて、尸骸《しがい》をば輿《こし》に乗せ、時衆八人に舁かせて、葬礼追善のために、往生院《おうじょういん》へ送らる。頸をば朱の唐櫃《からびつ》に入れ、氏家《うじえ》八郎重国に持たせて、ひそかに京へぞ上《のぼ》せらる。（岩波文庫『太平記』三）

幕府方の尾張守斯波高経《しばたかつね》が義貞と確認したあと、時衆の僧侶8人に持たせ、北陸の時衆の拠点であった往生院称念寺に送ったことが記されている。こうした時衆の僧侶や律宗の者達によって、職業的に葬送儀礼を扱う三昧聖《さんまいひじり》が誕生したようである。

ここで改めて中世の葬送儀礼の特徴をまとめるならば、鎌倉時代に生まれた新宗派である浄土宗や時衆、禅宗などが葬儀に積極的であったこと、それは、各階層の宗教的ニーズに応えたものであったといえよう。

寺院の墓地に葬られ、経典を聞きたいという願いがニーズとしてあり、それを酌み取る宗派が寺院境内に墓地を経営していくようになる。

江戸時代の葬儀

ニーズによって鎌倉新仏教の諸宗派が葬送儀礼を担当するようになり、時代は鎌倉・南北朝・室町・戦国を経て近世の江戸時代となる。

ここで、徳川幕府の安定した治世の中で宗教機関も政権の支配下に置かれるのは既に述べた通りだ。また本章の冒頭で述べた「伝統的な葬送儀礼」ともいうべき、遺族と関係者が葬列を組む「野辺送り」などの葬送儀礼が形成されたのがこの時代である。

近世は古代や中世と異なり、貴族や武家のみならず民衆の史料も豊富に遺されている。

『日本風俗図誌』の（上図）「長崎奉行土屋守直の葬列」、（下図）「著名な長崎の町役人の葬列」　国際日本文化研究センター所蔵

そのため、葬送儀礼についても同様に分析され検討が加えられている。まずは長崎の町役人の葬列の様子を記した『日本風俗図誌』をみてみよう。

この『日本風俗図誌』は、18世紀後半に長崎のオランダ商館長を3度勤めたイザーク・ティチングが記したものである。日本では田沼意次が老中をしていた時代（明和4〜天明6年（1767〜1786））にあたり、この頃の政策や風俗を詳細に記している史料だ。日本人の記した史料では、自分達の常識となっているものは細かに記すことはない。また図も少ない。それに比して海外の人が記す史料は、中世後期の宣教師のものもそうだが、先入観なく客観的に記している点が評価できるだろう。

「著名な長崎の町役人の葬列」では先頭の旗持や、供え物持ち、僧侶、棺に天蓋、そして付き従う人々を描いている。またこの図の他、長崎奉行土屋守直の葬列なども描いている。『日本風俗図誌』が面白いのは、それだけではない。図以外にも棺の素材や行事の詳細などもあり、ティチングの洞察による記事は江戸時代の葬送儀礼をイメージさせてくれる。

近世史料の素晴らしい点は、なにも海外の人の記したものだけではない。

貴族、武家、民衆と様々な階層の史料が遺されている中で、帳面があるところだ。「葬式入用帳」や「香典帳」などと記された、いわば「葬式帳」と呼ばれる帳面の史料は、

①葬列の役割分担
②焼香に訪れた人、饗応に呼ばれた人
③葬送儀礼で必要な品々と、調達した業者
④葬送儀礼の費用細目

といった内容が記されている。

金の流れを把握することは、儀礼を把握するのに最短の道程である。これらを分析していくと、近世の葬儀の様子がみえてくる。

そこに現われる姿は、地味にひっそりと行うようなものではなく、賑々しく派手に行われるようになった葬式である。実際、大坂などでは慶安元年（1648）に「町人作法」として金銀をちりばめた葬儀を行わないように禁止令が出されている。禁止令があるということは、逆に派手に行われていたからこそ、法令が出されたと考えるべきだろう。

また戦国時代のキリスト教宣教師の書翰でも、日本人は世間体を気にして借金をしてでも葬儀を行う人々であると記されている。こんな風に華美になっていく要因としては、政権の安定化によって民衆の家意識も形成されるようになったことがあげられる。特に商家などがそうだ。彼らは商家の中でも家格の誇示をするため、先代の葬儀をきらびやかにして行く。仏壇や位牌にもそうした点が表われていく。

現代でも自宅の仏壇の中央にある位牌。特に悩ましいのは戒名についてだろう。位牌と戒名はセットで考えるべきものだ。ティチングの『日本風俗図誌』にも位牌の記述がある。位牌が広まったのは近世からである。では、そもそも位牌とはどのようにして用いられるようになったのかを考えてみたい。

まず、仏教葬式の儀式を整えたのは禅宗である。位牌も同様に禅宗から用いられるようになる。禅宗が日本に伝わったのは中世である。中国では宋王朝の頃で、禅宗は儒教の影響も受けつつ独自の葬儀作法を整備していく。儒教では、立方形の「主」と呼ばれるものを位牌のように用いていた。天子は長さ尺二寸（約36センチ）、諸侯は一尺（約30センチ）のサイズで、背に諡《おくりな》（死後に尊んで贈る称号）を刻んでいた。それが禅宗において転用され位牌となったのである。

鎌倉時代、曹洞宗の祖である道元がもたらした初期の禅宗では、葬儀の語録はないものの、時代を経て戦国時代の頃には坐禅の他、葬儀について語録が増えていく。

戒名とは仏教徒として受戒（仏の戒律を受ける）し授けられる名前である。インドの仏教徒のあいだで、葬儀の時に読まれたのが最初とされている。経典『無常経』の末尾に「臨終方訣《ほうけつ》」がある。この「臨終方訣」はインドで記されたものではなく、中国で付け加えられたものだ。

出家や在家を問わず、臨終の場でなすべき作法をまとめており、臨終の作法の流れを次のように示している。

①臨終、つまり命が尽きる前に、香湯で躰《からだ》を清め、衣を着替える。

②着替えたのち座す。座すことが難しければ、右脇を下にして合掌する。
③西方を向き、仏の名前を唱える。
④仏の教えを伝え、僧侶に帰依し懺悔《ざんげ》をする。
⑤戒を受ける。
⑥受戒をした出家者は新しい名前を与えられる。

戒を受けることとは、即ち「受戒」であり、仏弟子《ぶつでし》になることだ。また新たな名前とは戒を受けた名前「戒名」である。ここで重要なのは、生前に受戒することなのだが、日本では没後に戒名を授けている。これは日本独自の習慣といえるだろう。

次に位牌である。菊地章太《きくちのりたか》の研究に拠りみてみよう。位牌については中国で編まれた『禅《ぜん》林備用清規《りんびようしんぎ》』（1311年成立）で規定されている。「清規」とは禅宗寺院の規則の意味である。『禅林備用清規』は、僧侶が亡くなった際の次第をまとめているもので、この書で初めて位牌が供養の対象として位置づけられているのだ。
「椅卓に位牌を鋪べ設け、香と灯を供養」するとあり、位牌の割注（説明書き）に「新円寂某甲上座覚霊」とある。このあと、天倫楓隠《てんりんふういん》が永禄9年（1566）に『諸回向清規式《しょえこうしんぎしき》』を編む。これは現在でも、臨済禅の儀礼の典拠とされるもので、位牌に記す文字が項目別に列挙されている。

例えば、置字として示寂《じじゃく》、新示寂、円寂、入寂、逝去、物故、先考、順寂など。位号（戒名につける尊称）としては国師大和尚、禅師、居士《こじ》、大居士、信士《しんじ》、信女《しんにょ》、大徳などがあり、底字（戒名の最下部につける）には尊霊、覚霊、尊儀、神儀、霊位などが記されている。

置字の示寂は先代住持に用いるもの、円寂や入寂は一般の僧侶に用いるなど、細かい規定がある。

こうして位牌の規定や、戒名のルールが定められている中で、位牌は僧侶のみならず俗人にも用いられるようになる。

位牌に関する記事で古いものは、室町幕府の初代将軍である足利尊氏（1305〜1358）のものである。尊氏は延文3年（1358）4月30日に死去する。死後すぐに贈位贈官がなされているが、その先例について幕府と朝廷間のやりとりを示す史料が遺されている。それは南北朝時代の貴族で、当時第一の知識人であった洞院公賢《とういんきんたか》（1291〜1360）の日記『園太暦《えんたいりゃく》』にある。『園太暦』の延文3年6月4日の記録には、
円忠送状、位牌書様并羽林著服等条々談之事（『園太暦』六、八木書店）

とあり、幕府側の諏訪円忠《すわえんちゅう》より足利尊氏の贈官位と位牌についての問い合わせが、洞院公賢のもとへ到来している。円忠は、

位牌と申候物、如此可書改候、僧家・寺号已下事者如此候、其上官位模様可為何様候哉、可被示下候也

と位牌とはどのように書くべきか質問している。

そこで公賢は、

条々申入了、御贈官位去夜沙汰進候、目出候、位牌事、被任僧家之外不可有子細候、但日本様儀、一紙被注出候、若可被用唐名者、為御心得傍ニ被注付候也

と返答し、日本様の位牌案として「贈左大臣従一位長寿寺殿仁山義公尊位」を提案している。結局、幕府が決定した尊氏の位牌は「故征夷大将軍贈従一位行左大臣源朝臣〈長寿寺殿・仁山義公〉霊位」というものであった。以降、足利将軍家は位牌を用いるようになる。

こうして位牌は南北朝時代から用いられるようになり、中世に広がりつつ、近世において民衆にも定着した文化であったといえる。

葬儀社の登場

何度も述べている通り、近世は徳川幕府によって宗教機関も支配下に置かれていた。しかし寺請《てらうけ》制度などは、寺院を政権の支配下に置きつつ寺院を維持させる側面も持っていた。それが明治維新を迎え、御一新となり新政府はそうした寺院の特権を次々に剥奪していく。例えば神仏判然令（神仏分離令。慶応4年（1868））や寺社上知令（1840〜1870年代の領地没収）などがそれにあたる。また王政復古の名の下に神祇官が復活し、神社を国家神道として位置づける政策を採った。火葬は一時廃止され、神葬祭《しんそうさい》（神道式葬儀）が広がりをみせるものの、寺院での葬送儀礼そのものは近世を引き継ぐ形で推移していく。

こうした中で特徴的な変化といえば、葬儀会社が成立したことであろう。江戸時代はあくまで身分制社会であり、華美な葬儀も禁止令が出されていたのは前述した通りだ。しかし、明治時代となり身分制は撤廃され、葬儀の肥大化に拍車がかかっていく。

近世の頃から既に存在していた、葬具を貸し出す業者と、運搬する人足請負業が合体し、葬儀そのものを請け負う葬儀社が誕生する。

一つ、具体的な史料をみてみよう。次にあげる文章は、平出鏗二郎《ひらでこうじろう》（1869〜1911）が明治35年（1902）に刊行した『東京風俗志』の下巻の一部である。

『東京風俗志』とは明治時代の中期、日清・日露戦争の狭間に記されたもので、首都として発展していた東京の姿を克明に描いたものだ。筆者の平出鏗二郎は明治2年（1869）生まれの文部省官僚であり、教科書の検定や起草を行っていた傍ら、著作を世に出していた。

> 葬儀
>
> 家人死すれば、穢気を憚りて、先ず神棚に紙をはりて穢気の入るを防ぎ、（或は一日、十五日、二十八日の三日にかからざれば、これをなさざるものあり）、門戸を鎖して、門口に暖簾を裏むきにかけ、または簾を垂れて忌中の札をはり、これに出棺の期日、葬場などもしるす。死者に血縁ある家にても、また同じことをなして、親類忌中の札をはるなり。屍体は莞筵《いむしろ》、薄縁《うすべり》などの上に移して、北枕にして西に向わしめ、衣を被うにも、裾を頭に向けて、うちかく。屏風を倒さまに立てて、枕頭に案《つくえ》を据え（中略）。湯灌は夜に入りてなし、血縁の男これを施し、女は湯を灌ぐに止むるのみ。柄杓を右手に持ち左むきに灌ぐを習いとす。（中略）
>
> 明治の初めに至るまでは、中流以上と雖も、駕籠を用いしに、次第に奢侈に流れ、今にては下流にも輿を用うるもののあるに至れり、殊に棺屋は発達して葬儀社となり、葬儀に入用なる一切の器具を始め、人夫等に至るまでをも受負い、輿、喪服、造花、放鳥籠等の賃貸をもなせば、葬儀を盛にし易く、造花、籠鳥を列ねて豪華を衒《てら》う風、盛

となり、親戚知音よりも香奠の外に、これを贈りて葬儀を盛にすれば、質素を旨とせる家にては、訃告と共に造花・放鳥の贈物を謝絶する旨を通ずるもあるなり。

近代都市・東京で、葬儀をする際にどのような儀礼・習俗を行っていたかを克明に記している。前半部分では、近代の映画などでも登場する死を弔う作法が記されている。また後半部は、先に記した葬儀の肥大化と葬儀社の登場を示している。葬儀の肥大化と、葬儀社の登場は、セットとして考えるべきものといえるだろう。

寺院によって葬儀が運営されたり、自宅に墓が造られている中で、墓地も政府によって規定されていく。明治17年（1884）には「墓地及埋葬取締規則」が太政官布告として出される。これは新政府の考える「墓地のあるべき姿」と、無税地とするための範囲を明確化した。墓地の埋葬を宗教から切り離し、法律で定めるようになった。併せて、死の認定も国家によって統一される。例えば、死後24時間を経過しないと火葬できないといったプロセスを国が定めたのである。伝統的な葬送儀礼で示した生と死のタイムラグを法律で定めるという、近代的な「死」が新たに誕生することになった。

5章

死者を弔う

墓・墓石・墓地のはなし

戦国大名たちの機転

戦国時代を終焉に向かわせた天下人の一人、織田信長。彼が天下人を目指した中で居城とするため築城したのが近江国（滋賀県）の安土城である。家臣の丹羽長秀《にわながひで》に築城を命じ、天正4年（1576）に着工。同7年に完成をみたものの、天正10年（1582）の本能寺の変で信長は没し、まもなく焼失してしまう。

完成した姿は家臣太田牛一《ぎゅういち》の『安土日記』に「御殿守ハ七重、悉黒漆也。」とあり、五層七重であったという。天主を有し、信長の事業であって天下布武を象徴する城であったといえよう。

天主など建造物の多くは焼失したものの、石垣や堀が現存している。信長が築城を命じた際、石仏や墓石、石塔などが資材に供せられたという。この一事からも、信長が合理主義者であったこと、近代的感覚の持ち主だったことがうかがわれる。

しかし、これまで供養の在り方などを通覧してきてもわかる通り、葬送儀礼の在り方も不変ではない。墓石をどう扱うかという問題は、今日的な感覚でみてしまうと、誤解してしまう。戦国時代にはどのような感覚だったのだろうか。最新の研究動向から考えてみたい。

神奈川県西部に位置する小田原市。かつて戦国大名の後北条氏が拠点として栄えた城下町である。現在の小田原城は後北条氏が滅んだあと、江戸時代には大久保氏の藩庁となる。大久保忠隣《ただちか》が慶長19年（1614）に改易されたあとは、阿部、稲葉と譜代大名の領となるものの、貞享3年（1686）には大久保家の領として戻され明治維新を迎える。明治維新以降には、皇室の御用邸が城の敷地内に建てられるものの、関東大震災で倒壊し廃された。今日では、整備された天守閣を有する小田原城址公園として、市民の憩いの場とされている。

さて、この小田原城は戦国時代、難攻不落とされ武田信玄や上杉謙信の攻撃をも退けた要害である。特徴的なのが街をも囲む外郭で、総延長は9キロメートルに及ぶ。土塁を築き空堀を設けた規模は、他の日本の城ではみられないものだ。

この9キロメートルの外郭のエリアは、近世になってからも街の領域とされ、明治維新を経た時の小田原町の境界も、この構えとなっている。

今では天守閣を中心に城が復元されているため眼が届かないが、中世の土塁なども多く遺されており、小田原は戦国時代の痕跡と近世の城下町の痕跡を遺し、更には近代の政財界の要人が挙《こぞ》って造らせた邸園文化があり、歴史遺産に溢れている。

小田原城に話を戻そう。近世になってから小田原藩を領した大名の住まいは二の丸であ

史跡小田原城跡の御用米曲輪で発掘された庭園　撮影：比企貴之

り、本丸には将軍家の御殿があったとされる。この本丸と二の丸のあいだに位置しているのが、御用米曲輪《ごようまいくるわ》と呼ばれるものだ。曲輪とは城内にある土塁や堀で囲まれた一区画である。御用米とは江戸幕府が直轄地や諸藩に命じて備蓄させた米を指し、曲輪に江戸幕府の蔵が建てられていたため、こうした名称で呼ばれていた。平成22年（2010）からこの御用米曲輪の史跡整備のための発掘調査が行われ、平成25年（2013）にセンセーショナルな発見がされている。それは戦国時代の庭園の発見である。

切石敷の遺構や水路・池があり、礎石建物の居住空間と庭園があったのではないかと考えられている。特に注目すべきは、切石敷や池の護岸に用いられた「石材」である。池の護岸に用いられた石材は中世の墓石である五輪塔《ごりんとう》の一部（火輪）を再加工して造られたもので、写真のように、今日の眼からみても美しいデザインで列べられている。

発掘でみつかった五輪塔は1300基ほどもある。後北条の領域内にあった多くの五輪塔が石材として用いられたと考えられている。また水路には中世の供養塔である板碑《いたび》が用いられていた。墓石を転用したのは、なにも織田信長だけではないのだ。

では、中世の人々にとって墓とはどのようなものだったのだろうか。更には、古代から近代に至るまで、どのような墓が造られてきたのかをこの章ではみていこう。

貴族・武家・民衆の墓

前章までに述べてきた通り、古代において墓標は未発達で石塔が建てられることはなかった。ただし、仏教的な墓上施設として木製の卒塔婆《そとば》を建てられることはあった。延長8年（930）に醍醐天皇が土葬された際は、卒塔婆が3基建てられたという。

この卒塔婆は、塔婆《とうば》ともいう。サンスクリット語のStupa（ストゥーパ）のことであり、音声を漢字に当てはめたのが卒塔婆である。本来は、仏舎利（釈迦の遺骨）を納めた聖体であったものが供養塔へと転化していく。

墓として石塔が建てられた初見は、永観3年（985）に天台座主の良源が死に際した遺告で「骨を埋めた四十九日までに、石卒塔婆を建てるよう」指示している。13世紀に入ると、石塔に死者の戒名や没年月日を刻むものが増加されていく。石塔の広がりである。

卒塔婆は、後述する五輪塔や板碑などにも変化していくが、特に近世以降になると、追善供養のために木製の板で造られたものが卒塔婆と呼ばれるようになっていく。宗派によって特定の文字を書き、墓の側に立てるものだ。

平安時代に貴族が亡くなった際、葬送儀礼の一つとして玉殿《たまどの》（霊殿、霊屋ともいう）が建てられることがあった。玉殿は美しい宮殿を指す言葉であり、建物を建てたあと、その中に棺を納め、密封する。建物を遺す場合や、建物ごと焼いてしまう場合もあった。

平安時代の貴族に藤原有国《ふじわらのありくに》がいる。一条天皇の頃、摂政藤原兼家《ふじわらのかねいえ》に重用され弁官を長らく勤めた人物である。彼が寛弘8年（1011）に69歳で亡くなった時、藤原行成《ふじわらのゆきなり》は日記『権記《ごんき》』で、

先妣瞑目当于納言在世之日、納言在世之日納言素不許火葬、仍於件寺垣西之外、造玉

殿安之（『増補　史料大成　権記』二、臨川書店）

と記している。火葬はせず玉殿を造り、遺躰を安置したとある。

この他、仏教的な塔や堂に、棺や遺骨を納めた事例も多くみられた。これは墳墓堂と呼ばれるもので、法華三昧や念仏三昧を修する法華堂や三昧堂、また三重塔などが建てられた。平安時代や鎌倉時代初頭は、玉殿や墳墓堂は一人用のもので、代々の先祖などを弔うものではなかった。

また、これは貴族のみではなく武家でも用いられている。中世の幕開けとなった鎌倉幕府を打ち立てた源頼朝は幕府の近くに聖観音像を本尊とする持仏堂を建てた。それが死後に法華堂と呼ばれるようになる。ここでは頼朝追善供養が行われ、堂内には頼朝像がかけられていた。鎌倉幕府内の政争が発端で戦となった宝治合戦《ほうじかっせん》（宝治元年（1247）6月5日）では、北条時頼と安達景盛の軍勢に敗れた三浦一族が、この堂に立て籠もり、一族郎党500人あまりが自刃している。

現在では白旗《しらはた》神社（源氏の白旗にちなむ。神仏判然令により明治5年（1872）建立）と、階段を上った場所には頼朝の墓が建てられている。世界遺産を目指している鎌倉市は国内外を問わず多くの観光客が訪れ、賑わっている。この頼朝の墓も、鎌倉幕府の初代将軍の墓として訪れる人も多いが、この姿は近代になってから造られたものであることにも留意しておきたい。

古代末期から中世にかけての墓地の様相を示したものには『餓鬼草紙《がきそうし》』がある。これは1章でも示した通りだ。

改めて墓の様相を示すものとして分析してみよう。

「塚間餓鬼」（24頁）の場面には、5人の餓鬼、3つの盛土塚、2つの石積塚が登場する。盛土塚には草や木が植えられているものや、卒塔婆が建てられているものがある。

また、石積塚には、塚の上に卒塔婆を建てたり、仏龕《ぶつがん》（仏像を安置する小室）を建てるもの、更には五輪塔が建てられているものがある。釘貫《くぎぬき》で囲われているものも見て取れる。

こうした点を考えると、『餓鬼草紙』の墓には、遺躰もしくは遺骨を埋めて墓を建てている場合や卒塔婆を建てていることや、樹木を植えていることなどが、特徴としてみられるだろう。

1章で述べた通り、盛土塚や石積塚は比較的身分の高い者が葬られたと考えられ、風葬と合わせて、様々な墓としての機能があったことがわかるだろう。

様々な墓が設けられ、死者は弔われていた。

もう一つ、日本の墓としては特徴的な習俗がある。両墓制である。

両墓制とは、死者に対して遺躰を埋葬する「埋め墓」と、供養するために詣《まい》る「詣り墓」の2つを設けるものだ。日本古代において、殯宮《もがりのみや》儀礼を行ってから、埋葬する葬送儀礼は既に1章で紹介した通りである。これは二重の葬送ともいえるもので、両墓制はこの歴史を引き継いでいるとも考えられる。つまり埋め墓は殯宮儀礼などの仮葬、詣り墓は遺躰を実際に処置する本葬である。

この考え方は、霊魂と遺躰とが分離するという宗教観に支えられている。また触穢《しょくえ》の思想も大きく影響を与えているだろう。つまり、遺躰そのものは穢《けがれ》であり、それは「葬地」、埋め墓として供養する。また霊魂は穢を有しない清浄なものなので「祭地」として供養する、詣り墓となっていたのだ。

この両墓制の分析は柳田國男（昭和4年（1929）に「葬地」「祭地」と呼んだ）からスタートし、大間知篤三《おおまちとくぞう》、最上孝敬《もがみたかよし》、国分直一《こくぶなおいち》らの研究があり、現在では森謙二らの分析がある。詣り墓が民衆にも定着していくのは、祖先信仰の展開があったといわれている。

埋め墓の供養は一周忌までの法要までで、そのあとは詣り墓で供養がなされる場合が多い。埋め墓から詣り墓へ供養が移行する際に、埋め墓の土を詣り墓へと持って行く事例もままみられる。

また、詣り墓には墓石が用いられることが多い。『餓鬼草紙』にあった民衆の風葬は、後々行われなくなっていき、墓石が建てられるようになる。民衆への墓石の普及によって詣り墓に墓石が用いられたという。ともあれ、詣り墓には、仏教思想の祖先供養の影響が大きく、死者の霊魂を供養するという一族にとっての聖地としての役割が強くなっていき、盂蘭盆会《うらぼんえ》や彼岸、年忌などで、詣り墓に詣でるという事例が関東から中国・四国にかけて地域で幅広くみられるようになった。

一人の死者に一つの墓石

卒塔婆から出発し、供養するための墓は中世になってから石が用いられることが多くなる。代表的な墓として用いられた石碑としては次のようなものがある。

①五輪塔
②宝篋印塔《ほうきょういんとう》
③板碑

これらは、墓という性質だけではなく、供養塔といった機能も有する。ここで注意しておきたいのは、これら中世の石塔は一人の死者に対して一つの石塔が用いられるということだ。今日的な「先祖代々」の墓石というのは、皆無に等しい。そのため、その人の供養が終わると、墓石の機能は終了することとなる。現代人と中世人の意識の違いがここに現われているのだ。そのため、章の冒頭で述べた信長や後北条が墓石を再利用することは、中世においてなんら珍しいことでない。

では、個別に形状をみていくこととしよう。

五輪塔は、卒塔婆の形式の一つである。密教によって創始された塔形で、上からみると、宝珠、半球形、三角形、球形、方形といった5つの部分から積まれた形である。5つはそれぞれ、空・風・火・水・地という五大（万物をつくる要素）を表わしており、塔形を胎蔵界大日如来の象徴としているのだ。

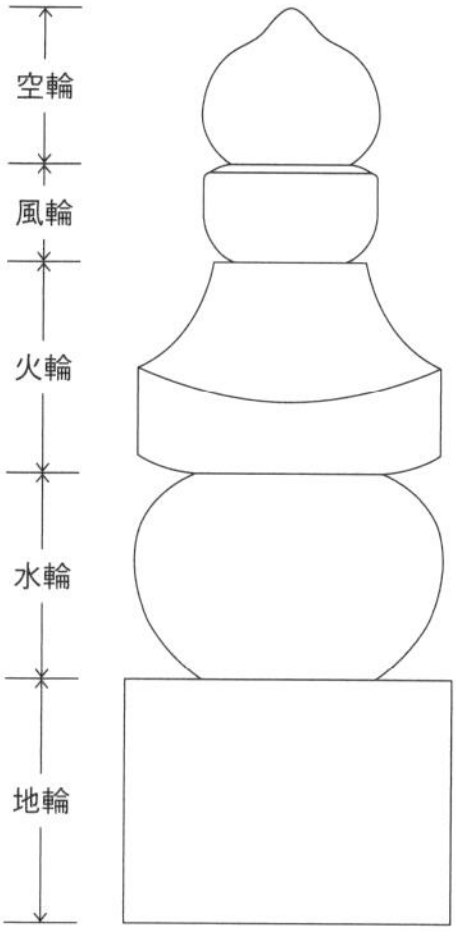

五輪塔

この塔の形は、日本独自に発展したもので、初見としては、岩手県平泉の中尊寺釈尊院の塔があげられるだろう。

五輪塔は、シルエットでみてみるとわかる通り、今日の卒塔婆の上部と同じ形をしている。つまり、木板で造られている卒塔婆と形が同じで、卒塔婆は方形の地の部分が長くなっているものだ。

五輪塔は全国で多く造られた。５つの部分というが、これらは、空・風輪の部分、火輪の部分、水輪の部分、地輪の部分とそれぞれ分解することができる。地震など自然災害があれば容易に倒壊する。そのため、寺院などで古い五輪塔の火輪だけが積まれたものがあったり、時代の異なる部位が積み重ねられていることも、多くみる機会があるだろう。

次にあげるのは、宝篋印塔である。これも五輪塔同様に塔婆の形式の一つである。鎌倉時代から石像塔として用いられた。

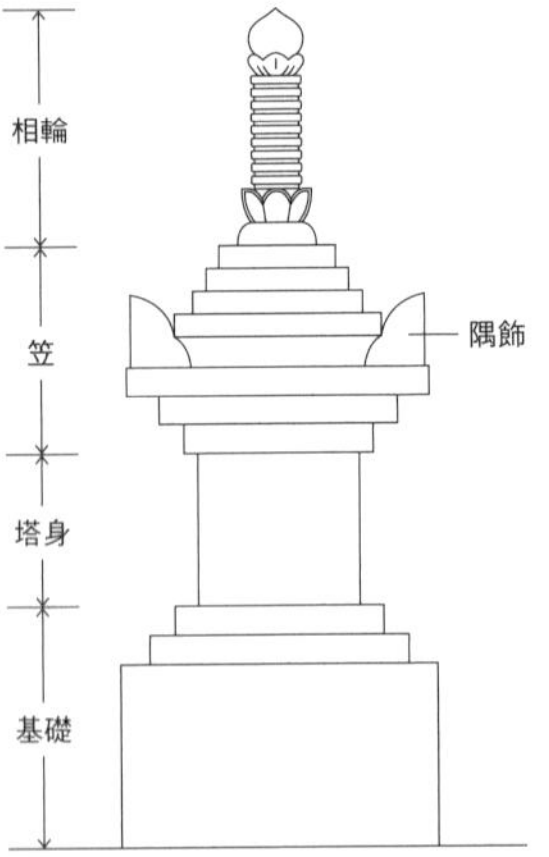

宝篋印塔

宝篋印塔の「宝篋印」の名は、石塔内部に「宝篋印陀羅尼《だらに》」の経文を納めたところに由来する。形式は中国から伝来したものと考えられ、最古のものは京都府の高山寺《こうざんじ》にある宝篋印塔である。

上から相輪、笠、塔身、基礎の部分があり、笠の四隅に馬の耳の形をした突起があるのが特徴的だ。この笠の隅飾の突起部分が垂直であればあるほど時代は古く、時代が降るほど、花のように開いていく。どの時代に造られたか、隅飾をみると一目瞭然な石塔である。

この宝篋印塔を造るのにどれくらいの費用がかかったのか。室町時代後期の貴族である一条兼良《かねよし》の墓はこの宝篋印塔であり、記録として費用が遺されている。兼良の墓は、死後11年後の明応元年（１４９２）に建てられた。石塔の費用は８貫文、供養代が２貫文とある。１貫文とは米の１石と同じで、現在の金額では約10万円に相当する。石塔の費用としては現在の金額で80万円ほどがかかったのだ。

そして最後の板碑である。卒塔婆の一種として造られたもので、板石塔婆《いたいしとうば》ともいわれ、その名にある通り、板状のものである。

鎌倉時代から全国で造られるようになるが、南北朝・室町時代が最盛期で、近世に入った17世紀頃には姿を消してしまう石塔だ。

関東では秩父青石と呼ばれる緑泥片岩《りょくでいへんがん》を用いて造られているものが多い。緑泥片岩は剥がれやすく加工しやすいためだ。

鎌倉時代の板碑の銘文を読むと、地方領主や僧侶によって供養塔として建立されたり、生きているあいだに自分の死後に対して行う逆修《ぎゃくしゅ》供養のために建てられていたりもする。

形としては、上部が山形の三角形をしており、次に横に２本の溝がある。以降は梵字《ぼんじ》や仏などの図像が描かれ、最後に紀年銘や願文、供養をした者の名前など、銘文が記されている。五輪塔から変化したものと考えられている。

　最古の板碑は埼玉県熊谷市にある嘉禄3年（1227）の銘があるものだ。

　また全国に遺されているものの、関東は特に多く武蔵国（現在の東京都・埼玉県）では3万基が現存している。

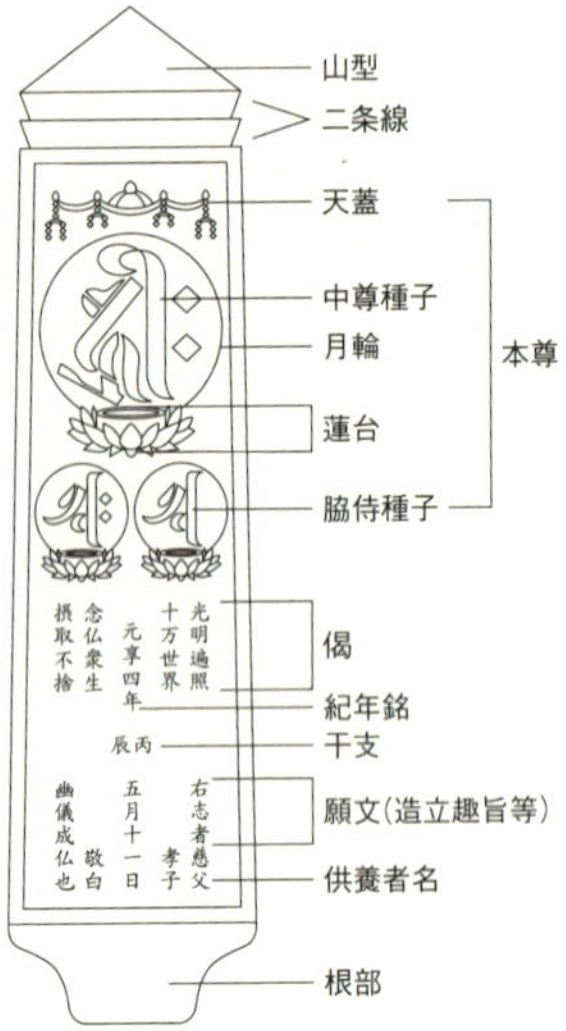

板碑

関東の板碑の素材である緑泥片岩の産地は、武蔵国の秩父郡や比企郡といわれている。しかし、実際の採掘現場は不明であった。平成13年（2001）から埼玉県比企郡小川町では発掘調査を行い、割谷《わりや》地区、西坂下前A地区、内寒沢《うちかんざわ》地区をはじめとする19箇所で緑泥片岩を採掘していた可能性があることを明らかにした。加工途中の石や、平鑿の削り跡がある石材がみつかった。

　こうした発見によって緑泥片岩を採掘し板碑へと加工していく過程が明らかにされたのである。そして平成26年（2014）には、史跡名勝天然記念物として「下里《しもざと》・青山《あおやま》板碑製作遺跡」が指定された。

先祖代々の墓の登場

中世での墓石ともなった石塔をみてきた。では近世になるとどのように変化していくのだろうか。

近世の墓標の研究については谷川章雄や木下光生《みつお》らの調査に基づく研究が多く積み重ねられている。先学に学びつつ、みていくこととしよう。

中世では多く分けて3つあることを示したが、近世ではもっと多様な墓石が登場することとなる。

①五輪塔
②宝篋印塔
③無縫塔《むほうとう》
④石仏
⑤舟形
⑥角柱

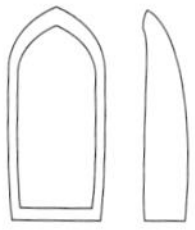
⑤舟形

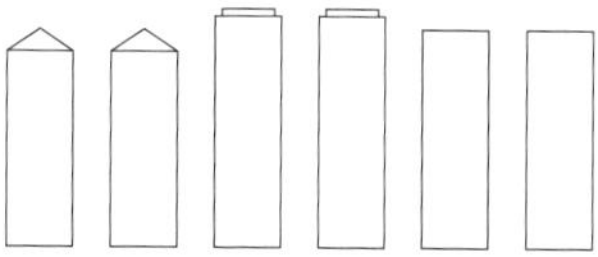
⑥角柱

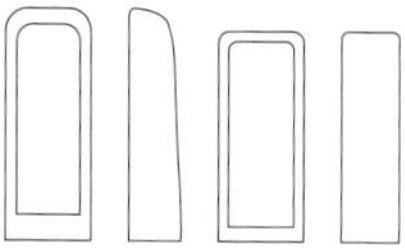
⑧櫛形

⑦駒形
⑧櫛形
⑨円柱
⑩自然石を用いたもの

などである。①と②は既に紹介した通りである。③無縫塔とは塔が卵のような形をしているもので、主に僧侶の墓として用いられている。これは中国の宋朝で用いられていた形式のため禅宗の僧侶に用いられた。近世になると宗派を問わず、多く用いられるようになる。次の④石仏は地蔵や観音が彫られたもの。⑤舟形はまさしく舟の形に類したもの。⑥角柱は今日でも多くみることができる、最も一般的な長方形をしたものだ。⑦駒形は頭部が三角形の角柱、⑧櫛形は、頭部が蒲鉾形をしている。

このような様々な形式が存在していたものの、18世紀後半になると、⑥角柱や⑧櫛形といった形のものへと統一されていく。

また木下の研究に拠ると、実際に墓石に彫られた死者の名前（戒名）からも時代的な変遷が読み解けるという。16世紀から18世紀までは、一つの墓に一人の死者が記されており、これは中世と同じく個人墓といってよいだろう。それが18世紀に入ると男女二人の名前が刻まれた、おそらく夫婦の墓や、また複数名が彫られた墓が増えてくる。

更には18世紀後半になると「先祖代々」などといった「先祖」を刻む墓が登場する。これは家が固定化されていく流れと同一視できるだろう。

19世紀末には「某家之墓」が登場する。これが1970年代に急増する。今日、墓地などを調査すると、このような銘文の墓が一番多くみられるという。

大きな観点からいえば、墓石は中世頃から次第に造られるようになり、また個人の墓から家の墓へと変化する。これは日本の今日的な家意識と分けられるものではない。

葬送儀礼とは死者のためではなく、生者のためとは既に述べた通りだが、墓石もまた生者によって規定されるのだ。

墓を考える際に重要なのは銘文の研究である。先にあげた時代的変遷も、この銘文をデータ化し、分析したものだ。

これに併せて近世の墓と戒名を関連させて分析した研究もある。

戒名は仏門に入り、新たな名前を授けられることだが、日本では死後に授けられるものとして定着している。

戒名には、今も昔も戒名料が必要である。基準は宗派や寺院によって様々だろう。

ただし、現代社会と近世社会での違いは、まず身分制社会かどうかという点がある。貴族・武家・民衆で階層がある。更に民衆内でも商家や農家などがあり、更に貧富の差があった。戒名と位牌については4章で述べたが、改めて戒名を考えてみよう。

俗人の戒名の構成は院号—道号—法号—位号である。院号は本来、天皇や将軍家といった位の高い者だけが用いられたものである。しかし近世になると民衆でも買うことができた。明治になると富裕層に用いられるようになって一般化していく。

次の道号は、浄土宗の「誉」、時宗であれば「阿」、日蓮宗では「日」もしくは「妙」を用いるといったもので、1字をつける。

法号は狭義の戒名といってよいだろう。2字、4字、6字と宗派によっても異なる。

最後の位号は、居士《こじ》、信士《しんじ》、禅定門《ぜんじょうもん》、童子《どうし》、大姉《だいし》、信女《しんにょ》、禅定尼《ぜんじょうに》、童女《どうにょ》といったもの。

特に位号は、上から居士と大姉、信士と信女、禅定門と禅定尼と格差がある。性別や信仰心の篤さから定められるものだ。

これら戒名を構成する号の組み合わせを分析した谷川の研究によると、院号居士などの上位の戒名を持つ家では個人墓が18世紀以降も建てられ、上位戒名を持たない家は、夫婦や兄弟、親子でまとめて墓に入ることが明らかにされている。

こうした墓石研究は、日本の家意識と切っても切り離せないものだ。それというのも、葬送儀礼、また死というものが、個人だけではなく、親子や一族といったものに規定されているからで、近世の時代的な変遷を経て、今日的な葬送儀礼や墓石は形成されてきたといえるだろう。

6章
死を見送る人

5章までは、死にまつわる諸相を眺めてきた。あくまで学問として「死」にまつわるものだったが、それだけでは「死」を理解するのは難しい。本章では、今日において死を見送る側の視点を得るべく、二人の若き僧侶の話を掲げたい。

一人目は東京都昭島市にある金峰山廣福寺《きんぽうざんこうふくじ》の副住職である白川宗源《しらかわそうげん》さん、もう一人は神奈川県川崎市の福聚山静翁寺《ふくじゅさんじょうおうじ》の副住職である亀野元彰《かめのげんしょう》さんである。

廣福寺は臨済宗、静翁寺は曹洞宗に属し、それぞれ中世に創建された寺院として今日に至る。なぜ二人にインタビューを行ったかというと、知人・友人であることもさることながら、二人とも僧侶を父とし寺院を継ぐ者ではあったが、大学院や社会人経験などを経てから得度し修行を行ったという俯瞰（客観的といってもよいだろう）した視点を持っていると筆者が感じていたからだ。

机上の学問からではうかがい知ることのできない「死を見送る」という行為。この行為を知るため、次にあげるポイントを聞くことをベースとしてインタビューを行った。

・僧侶となるためにどのような修行を行ったのか。
・自宅が寺院ということで他者の「死」を意識したのはいつか。またどう感じたか。
・僧侶となって、初めて死を見送った時の印象。
・今日の寺の在り方をどう思うか。

・檀家の死や葬儀に対する意識は変化しているか。

とはいえ、これだけにこだわることなく、我々が知らない、寺院に関わる貴重な話が聞けたように思う。それでは、一人ずつ紹介したい。

死んだ時点でおしまい

白川宗源氏インタビュー

建長寺派 金峰山廣福寺 副住職 **白川宗源**

昭和60年、東京都昭島市の廣福寺に生まれる。早稲田大学大学院修了後、建長寺専門道場に掛塔。平成27年度より早稲田大学大学院博士課程において禅宗の歴史を研究している。野村朋弘氏とは修士課程の時から旧知の仲。

3年半の修行は坐禅・托鉢・作務がすべて

――今回、死の話の前に、まず宗派的な話も含めて教えてもらえばと思うんですけども、いつから、どこで、具体的な修行っていうのはされてましたか?

白川:早稲田大学大学院の修士課程を3月で修了して、4月1日から建長寺専門道場に入って、そこから、3年半修行をして、9月に道場を退いています。

建長寺の僧堂は西来庵《せいらいあん》っていう塔頭ですけど、専門道場はいっぱいあって、建長寺にもあるし円覚寺にもあるし、京都は南禅・天龍・相国《しょうこく》・建仁《けんにん》・東福寺等があるし、京都八幡の円福寺もあるし、埼玉の平林寺もあるし、全国にものすごくいっぱいあるんですよ。どこに行ってもいいんです。

うちは建長寺派のお寺ですけど、だからといって建長寺に行かなきゃいけないっていう決まりは全くなくて、どこに行ってもいいんですよ。で、どこに行ったからといって差がつくわけでもない。

——円覚寺とかに行っても全然問題ない?

白川:全く問題ないです。それぞれの道場には学風みたいなのがあって、道場の色があります。例えば円覚寺は、夏目漱石が参禅してたように、文化的で学問を大切にしていますね。円覚寺のご住職は、筑波大を出られた方です。やはり学問を大切にされています。

一方、建長寺は、歴史的にみても、陸軍関係者の檀家が多いとか、極めてこう、身体で覚える系。「山作務」といって薪を割ったりとか、そういう肉体労働がほとんど。今のご住職も小学校の時から小僧をなされた叩き上げで、学問は二の次で「身体で覚えろ」です。そういう、一種の家風なんですよ。京都は京都で、例えば建仁寺はとにかく坐禅をする。そして老師もそれぞれ色があって、それを修行に際して選んでいく、ということです。

これが建前です。だけど現実的には自分の生まれて育ったお寺が建長寺派だから建長寺に行くとか、そういう感じになってますね。

——じゃあ修行自体は、坐禅が、禅なので中心ではあっても、実際には薪割りなり躰《からだ》を動かすことを、3年間?

白川：そうですね、3年間ですね。坐禅・托鉢・作務。この3つがすべて。これ以外はもうほんとに瑣末なことで、この3つの柱が修行の内容です。

——自分の寺に帰ってきたら葬儀とか法要とかをするわけだけれども、そういうことに対する、思想的な部分の説明とか、教えとかっていうのは、ない?

白川：建長寺は一切ないです。埼玉の野火止《のびとめ》の平林寺はあるようです。円覚寺も多少あるらしいです。やっぱり実務に関するレベルの差があります。

建長寺は本山で、宗務本院っていうのがあって、修行道場っていうのは別なんですよね。坐禅、托鉢、作務に打ち込める環境です。その僧堂の生活を支えてくれてるのは、講中さんというサポーター的な人で、そこに葬式仏教は入ってないんですよ。あくまで喜捨で食べ物とかお金をもらって、それを元手に生活する。逆にこちら側からしてあげられることは、あんまりないという生活です。平林寺はというと、本山じゃないんで宗教法人格としては一般の寺院と変わらない。檀家さんが多くいて、そこに住職もいて、修行僧が集まってるから、日々葬式や法事をしなきゃいけないわけですよ。

――修行しつつも葬式も実際担当する？

白川：そうです。だから、平林寺で修行した人は、僧侶として即戦力で、修行中の3年間葬式も法事もやるし、普通のお寺の経営面ですよね、収入や支出の問題も扱うし、当然学べるわけですよね。しかし建長寺の修行僧は、坐禅と托鉢と作務しかしてないから、実務が何もわからないですよ。

――寺に戻ってきてから初めて、経営なり葬儀とかを習うんだ。臨済宗の中でも、そんな違いがあるんだね。

白川：ありますね。だから、我々お坊さんの中では、例えば建長僧堂出ましたとか、円覚僧堂出ましたっていうと、ああ、あの人はああいう修行をしたんだなっていうのはわかるんですよ。平林僧堂出ましたっていったら、この人は、葬式を修行中からやってて、一通り何でもできる。教養としてお茶とかお花も習うんですよ。ある程度のことは全部できる。

――他宗派の比叡山とかもそうかもしれないけど、何か、我々が研究している中世みたいに、「出家しよう」って思って出家するっていう人ってどちらかというと少数派で、やっぱりうちがお寺だからっていう人達が多いというイメージがあるんだよね。実際に一緒に修行してて、出自は寺と全く関係ないけど、出家してきましたって人達って、建長寺さんにはどれくらいいたりするの？

白川：私の経験談でいえば、修行してた時は、修行僧は、最大で20名ぐらいいましたけど、家がお寺じゃない人っていうのは、7人ぐらいいましたね。割合としては半分まではいかないですけど、どこの専門道場をみても、3割はいるんじゃないですかね。

——その人達っていうのは、そのあとに、どこに就職というか。

白川：空いてるお寺があれば、そこから声がかかるのを待って、そういうところに就職するような感じですね。

——しかし、まさに何も知らない、修行を積んでいても、実務を経験したことない人だよね。それが建長寺派のところで、住職がもういなくなるっていうところに、落下傘で就職していったら、そこでもう急に実務を担うことになるわけだ。それもまた大変だね。

白川：だから、どっちが良いのかっていうのは、あまり言えません。平林寺は、本山は京都の妙心寺なんですね。妙心寺派はお寺の数がものすごいいっぱいあるんですけど、お坊さんの数は足りていなくて、空き寺が多いんですよ。だから、お坊さんを増やしたいし、しかも即戦力になる人を育てたいっていう方針があります。だから建長寺派は修行は3年ですけど、妙心寺派は1年でいいんですよ。その代わり1年みっちりというカリキュラムになってる。これは手前味噌というか、私が建長寺派で建長寺で修行してるからこういう物言いになってますけど、どっちが良いかっていうのはほんとにわかりません。

建長寺派は最低3年。何か特別な事情がなければ、3年が目安になっています。じゃあ3年間で実践的に何か教えてくれるかっていったら、そんなことはないんですけどね。その3年で僧侶として生きていく決意とか心構えとか姿勢を身につける。テクニックは道場を出てからでも、上手くお経を読むとか、上手く説法をするっていうのは身につくけど、お坊さんとして人の施しを受けて生きていくっていう姿を学べるのは修行の期間だけだから、実践は一切やらないっていう。かっこよく聞こえますけど、それで道場を出たら全く使い物にならないですから。だからやっぱり建長寺派内でも揺れてるところはありますよ。もうちょっとお寺のことを教えた方がいいんじゃないかっていう人もいる。

――大学院にいる頃は史料読みがすごく愉しくて、欲得なく研究していたのに似てるね。でも指導する、教育することは何もしないということを、建長寺はまだずっと維持しているんだね。

白川：そう。大学院と一緒で、研究と教育は違うじゃないですか。修行も、テクニックと禅僧としての姿勢とか生き方を学ぶっていうのは別次元の話になってくる、ということです。

――もっとずっといられるっていうこともあり？

白川：それは、いたいだけいていいんです。私がいた時も10年ぐらいの人がいました。帰るお寺があるお寺の息子さんでも、10年ぐらいいる人もいますし、全く縁もゆかりもなく出家して、行くあてもなく、10年、15年やってる人もいます。最低3年っていうのはあくまで建長寺派内での一つの線引きであって、別にいたいだけいていいんですよ。

――ちなみに、寺に戻ってきて、もう1回入り直しとかっていうのは？

白川：OKです。それは鋭いご指摘で、修行道場に入る時に、誓約書を書かされるんですね。「己事究明《こじきゅうめい》、大事了畢《だいじりょうひつ》」（己を知り、修行を究めること）、悟りを開くまでは私は道場をやめませんっていう誓約書を書く。公案《こうあん》が進んでいって、坐禅の修行も経ていって、ここで悟りが開けたっていう時にお師匠さんから認められて印可状をもらう。それは、建長寺では20年くらいかかるんですよ。10年、20年は最低かかる。そういう風にやり遂げた人は、それに相応しいお寺に入るんです。やり遂げられない私みたいな中途半端な者は道場を去るときに、暫《しばら》く暇をもらう、「暫暇《ざんか》する」って言うんですよ。だから、修行道場に入って悟りを開くまでの修行のカリキュラムの中で、3年くらいのところで1回暇をもらって、一時的に出ている状態なんですよ、今の私は。で、暫く暇をもらって自分の寺や、どこかのお寺に入って、そこで違った形で修行しているという体《てい》なんだけど、戻ろうと思えばまた修行道場に戻って、4年目から始められるわけですよ。そういうのを再行脚といいます。

――でも印可状もらったらそこで修行はおしまい？　あるステージに立つ？

白川：それが臨済宗でいう「老師」という人。曹洞宗は違うらしいです。臨済宗でいう老師という人は、修行して印可状をもらった人です。公案という修行体系を終えた人が、老師といわれる人なんですね。でも老師になったからといって、普通にその辺のお寺の住職の人もいますし、建長寺とか円覚寺とか、本山の住職になる人ももちろんいます。

――老師になってないと、やっぱり五山には入れない？

白川：入れないですね。でも、老師はそんなにはいないです。建長寺派は全部で400カ寺ぐらいあって、お坊さんもそれくらいいると思いますけど、印可状をもらって老師といわれる人は、3人ぐらいだと思います。

——ちなみに、派が変わることってあり得ますか？

白川：ありますね。例えば私は建長寺派のお寺に生まれて、建長寺に修行に行きました。3年で出ました。その時点で選択のレベルでは、どのお寺でも行けるんですよ。だから、生まれ育った愛着のあるお寺ではなくて、京都の妙心寺派のお寺に何か縁があって入ったら、その時点で私は妙心寺派のお坊さんになるわけです。当然、他派から入ってきた建長寺派のお坊さんもいます。それっていうのは、中世までは法脈が人で伝わるんですよ。だけど近世からは入った寺で法脈が伝わる。だから、「人法《にんぽう》から伽藍法《がらんぽう》」って言うんですけど、人の法から伽藍に伝わる法を継承する風に変わっちゃうんですよね。だからどこで修行してもどんな生まれの人でも、入ったお寺が建長寺派なら建長寺派のお坊さん、入ったお寺が妙心寺派なら妙心寺派のお坊さんっていう、その、伽藍法によって規定されてるんです。

葬式は残された人のためにやる

——なるほど……知らないことだらけだなあ。ここまで宗派についていろいろと教えてもらったけど、そろそろ本題に入りたいと思います。白川君はおうちがお寺で生まれてきたわけじゃないですか。で、物心がついてきたら、普通のサラリーマンのおうちと、ちょっと違うってことに気付いたりするじゃないですか。その時に、法要とか死っていうものを、何となくでも意識するようになったのってどれくらい？

白川：小学校の高学年ぐらいですかね。それは、別にお寺にいるから人より早かったとかではないと思いますよ。親しく付き合ってた人が死んで、その葬式に行って、その顔をみた時に、「ああ人って死んじゃうんだな」っていうのを強く意識したのが、小学校高学年ぐらい。別にお寺にいたからといって人より早い訳ではないです。

――仏事が、その家と、本堂の方でされてても、それはもう、そういうものだっていうことで。それで、自分の身近なところで初めて死を感じたとしても、僧侶になって、修行が終わって戻ってきて、初めて葬儀をやらなければいけないってことになるわけでしょう。そうなった時に実践的なことはやってない状態で、初めてのお葬式の時っていうのはどんな？

白川：葬式をやることになって、テクニックの部分は、この寺の住職であり、私の師匠である親父から、このお経を読んで、ここでこういうことをやって、これこれこういう意味があるこういう動作をやるんだっていうのを全部聞いて、メモを取って頭に入れて、それで臨みました。ちゃんと覚えようと思うのは、やっぱり葬儀をすることになった時ですよ。

――でも、急に話は来るわけでしょ？

白川：もちろんそうですよ。一応葬式のやり方の教科書があるんですよ。その教科書を見れば、できることはできます。ただその教科書は、妙心寺が出してる教科書で、『法式《ほっしき》梵唄抄《ぼんばいしょう》』というものです。妙心寺派のやり方の本。こういうお経読んでこうやりますっていう内容で、どこのお寺も多分それを基準にしてやってるんだと思います。ただ、葬式のやり方っていうのは地域で違いますよね。読むお経とか、読むタイミングとか、そういうのも全然違うんですよ。だから、そういうのが伝わってるところとか、うちみたいにひい爺さん、爺さん、親父がいて私がいて代々繋がってきてるとこは、口伝というか、爺さんはこうやってた、私はこうやってるっていうのを聞いて、それに重きを置いてやります。例えば、お坊さんがいないところにぽんと入った人は、そして修行中もそういうことを習ってない人は、それこそ妙心寺派の教科書をみて、その通りにやるしかないわけですよね。

――そうしたら、無住のお寺に縁もなく入って仏事をしたら「うちの地域のやり方と違う」

みたいな話になって揉めたりするっていうこともあり得る？

白川：当然あるんでしょうね。でもこういう時には、こういうお経を読むとか、そういうことを意識的にわかる一般の檀家さんっていうのはほとんどいないでしょう。一つ通り一遍の葬式のやり方があって、あとは亡くなった人の家の大きさとか、参列者の多さとか、そういう状況で多少加減する程度です。

——なるほどね。気持ち的には？

白川：気持ち的には、冷静でいようと思っています。亡くなった方の遺族を相手にするわけじゃないですか。当然一人の人が死ぬっていうのは大変なことで、冷静な状態ではないわけですよ。ましてや亡くなって2、3日後に葬式ですから。こっちの気持ちとしては、冷静でいなきゃいけない。亡くなった人のことを考えなければならないけど残された人に対する気持ちが大きいです。今目の前にいる残された人を安心させてあげて、気持ちよく送り出させてあげて、死を納得した形で受け入れてもらえるように振る舞う方が重点です。

これは私の意見ですが、葬式は亡くなった人のためにやるものですけど、残された人に向いてやってるわけですよね。だから、対応の仕方とか、読むお経一つとっても、読み方、声色、声のボリュームとかも、私は残された人に対してやってる。これは禅宗の教えなんでしょうけどね、亡くなったらもうそこでおしまい、もう肉塊というか、クソ袋というか、そういうものになってるわけで、霊魂だなんだっていうのは禅宗は語らないっていうのが、一つの在り方。だから亡くなった人の遺族に対しての意識が強いですね。

家族葬が増えている

——近ごろ死に対する考え方が、一般の人達も変わってきてるじゃないですか。そうした時に、皆さん通り一遍なわけじゃなくて、当然、個人個人の問題なので、死に対する付き合い方ってやっぱり多くあると思うけれども、そういう時に何か、式の変化なり、葬儀に対して要望を出してくるような檀家さんがいたりします？　元々、お墓もあって、葬儀もしてもらってたけれど、急に、「私の代から樹木葬（埋葬し目印に木を植える）にしたいんです」とか。

白川：そこまでラジカルな方はうちの檀家さんにはいないですね。盛んに樹木葬とか、海に散骨とか、テレビや雑誌でやってるじゃないですか。そういう意識の変化は、東京の片田舎のここでは感じないです。うちの檀家さんは基本的にうちの周りの人ばかりなので。

都内でも、六本木とか青山のお寺だと、如実にそういうのがあるんでしょうけど。やっぱり、東京といっても、ここは古くからの家の人が多いので、自分の親とかその前の代とかの葬式のやり方を受け継いでるので、そこまで急激に散骨したいとか樹木葬したいとか、お墓に入りたくないとか、そういうことを言う人はいないです。ただ確実に言えるのは、もう大きな葬式はやらない。家族葬でという人が非常に多い。どこかのホールを使って大規模にするってこともう、ほとんどない。でもお坊さんがやることは変わらないですよ。

――葬式って、ある程度の費用がないと成り立たないわけじゃないですか。そうした時に、家族葬になるとその分、コンパクトになっていくということ?

白川：そうですね。だから、家族葬でやりたいっていう人の一番の理由はやっぱりお金なんですよね。そうはっきり仰る方もいます。ただ、人が一人死んで、その人に対してお経をあげて供養して、それに対するお布施としてもらうお金がお坊さんに入るお金ですから、そこは別に変わらないんですよ。家族葬だからお布施は安くて良いとか、大きい葬式だからお布施は高いという話ではないはずです。人が一人亡くなったことに対してお経をあげて、供養してあげて、それに対してありがとうございましたという意味でお布施が入るっていうところは、大きくやっても小さくやっても変わらないわけですよ。あくまで人が亡くなったことに対しての供養としてもらうのがお布施であると。家族葬で変わるのは、大きいホール使うか使わないか、音響代や照明代がかかるかどうかとか。葬儀屋さんの取り分の問題なんですよね。ただ皆さんは漠然と家族葬ならお金がかからないだろうというイメージがある。

――とはいえ、家でやったとしても葬儀屋さん呼んで壇を作るわけだものね。

白川：そう。人件費や祭壇料がかかる。それに遺躰を預かってるお金がかかる。そうするとね、家族葬でもお金がかかる。そんな状況では、当然お布施だって少なくなるわけですよ。だから全体的に葬式の規模は小さくなってるし、本来それと因果関係のないはずの布施収入も当然少なくなってきている。現代の人は、目に見える対価以外にお金を払うことに抵抗があるのだと思います。何ももらってないのにお金を払うのはどうかと。

お寺の収入源

――本来は、(お布施は)お寺に対する寄与とか、信心とかをすべて含めて、っていうことなんだよね?

白川：そうです。だから、所得税的なもので、お金をいっぱい持ってる人が、家族が死んで、その供養をしてあげたいって気持ちになった場合は、その自分の財産の中から出せば、当然額は大きくなるわけですよね。逆にすごく貧しい人がそれをやれば、当然額は小さくなるわけですよね。持ってる財産量に比してお布施が変わるのは当然だと思います。だけど、例えば居士号はいくらとか、何々殿はいくら、こういうお葬式はいくら、こういうのはいくらっていう風に価格を設定してる場合がありますよね。あれは見た目には平等ですけど、決して平等じゃないと思うんです。本来は供養したいっていう、金額の多い少ないでは計れない部分の話なので。ただ、それは綺麗事で、檀家さんからしたら、価格設定のないものっていうのは、「ええっ⁉」て思うでしょう。

――確かにね。時価って言われても困るみたいなところがある。基本的に、白川君のお寺自体は、檀家さんが減ってるわけではなくても、布施収入は？

白川：布施収入は減ってますね。

――布施収入以外っていうのは、今はお寺自体っていうのは、何か収入源っていうのはあったりするの？

白川：うちのお寺はないです。布施収入が9割以上なので、その布施収入が減れば、当然収入は減っていく。

――さっきも言ってた樹木葬とかもそうだし、Ａｍａｚｏｎの「お坊さん便」とかを、同じ死を送る側としてみていて、どんな思いというか、考えがありますか？

白川：樹木葬については、いろんな理由でやるっていう結論になると思うんですけど、考えられるのは、故人の意志だったたと。故人の意志というのは、自分のお墓を遺して、それを子供に面倒見させるっていうのは、死んでまでみんなに迷惑かけるのは嫌だ、申し訳ないっていうのがあるんでしょう。あとは、坊さんがそもそも好きじゃない、お寺の世話になりたくないとかね。いろんな要素があるんですけど、一つ言えるのは、人の繋がりが希薄になっているというか、面倒臭いとか迷惑とか、そういうところに多分原因がある話なんですよね。ただ残された方っていうのは、やっぱりお墓参りする対象があったり、依《よ》り代《しろ》があった方が、一つ気が休まるきっかけになると思うんですよ。だから散骨は、残された人を考えると、やっぱりちょっとお勧めしないですね。良い悪いじゃないんですよね。私も歴史を勉強してますし、歴史的にみて、お墓がそんなに正当性っていうか、根拠があるものじゃないってのはよくわかってます。中世なんて風葬といって野に棄てる。みんな十把一絡げでやるわけじゃないですか。あくまで江戸時代を経て、明治・大正・昭和を経て、今の形がああいうお墓なんです。時代ごとに変わっていくのは当然だと思うんですよ。それについて私は良い悪いを言うつもりはないんですけど、ただ残された人の気持ちになってみると、やっぱり散骨は違うんじゃないかなっていう思いはあります。

――海に撒いちゃって、結局どこにお参りすれば会えるのかとか。

白川：そうそう。まだ樹木葬はわかりますね。

人は一人では死ねない

――ということはやっぱり、さっき白川君が仰ってたように、葬儀する時も、送る側、見送ろうとしている遺族の方々に対して、思いを馳せて対応するというように、本来は送る側のことを考える。本書でも改めて死を送るっていうのは、生きてる側がどうするかだっていうスタンスなんだけど、でもそうすると今の時代においてはそれは逆になって、自分が死ぬ時どうしようっていう風に思う人達の方が増えてきているっていう、意識の変化があるんだろうかね。

白川：そうですね。人は一人で生まれてこられないわけじゃないですか。母がいなきゃダメだし、産婆さんがいなきゃダメだし。人の世話にならないと生きていけないじゃないですか。特に小さい頃は。死ぬのも一人で勝手に死ねないんですよ。一人で勝手にのたれ死んで、そのまま朽ちていくなら勝手に死ねますけど、社会的な死っていうのは、死んだ人は死んだところで終わりだけど、それを最後に対応する人がいて、死として成り立つわけですよね。だから人は一人では死ねないから、やっぱり僧侶として死に向き合った時に対応すべきは、残された側の人達なんだろうと思うんですよね。

――なるほどね。それでいえば、死んじゃったらそれまでであれば、三回忌、何回忌というのはあくまでも送る側の人達のけじめとして。

白川：そうです。法事は一周忌、三回忌、七回忌、十三回忌とありますが、あれは人が死んだ時、遺族の人達の心を癒すカリキュラムだと思うんです。例えば一周忌っていうのは、人が一人亡くなって、嫌なことがあったから、これ以上嫌なことが起きないように1年間身を慎む。その喪が明けたっていうけじめをつける日が一周忌。三回忌は、子供が更に丸1年身を慎んで、足掛け3年喪に服して、これで喪を明けましょうっていうのが三回忌。十三回忌は、丸12年でやるんで、暦がひと回り。そういう、残された人の心を癒していくカリキュラムが、法事だと思うんですよね。葬式仏教とよく揶揄されますけど、長い歴史の中で練り上げられていった、人の心を癒すカリキュラムだと思います。例えば百か日は「卒哭忌《そっこくき》」と言いますが、卒業する「卒」に慟哭の「哭」。四十九日が終わって、百か日ぐらいで泣き収めの日を設定している。根は残された人に向いてますよね。

あと、Ａｍａｚｏｎの話は、時代時代に応じて宗教とか仏教の在り方も変わるし、それに向き合う人の在り方も変わるので、別にＡｍａｚｏｎでお坊さんを宅配すること自体が悪いとは私は思わない。あ、そういう時代になったんだなって思うだけですよ。

例えばＡｍａｚｏｎでお坊さんが呼ばれて、その日初対面で葬式をやる。そしたらそのお坊さんを呼んだ人が、何をもって「ああ、呼んで良かったな」って思うかっていったら、声の良さとか、音程の良さとか、例えば顔のかっこよさとか、着物の綺麗さとか……。そういう表層的な部分になるじゃないですか。それは仕方ないと思うんですよね。別にそれが良い悪いってわけじゃない。そこでしか判断しようがないんだから。ただ葬式仏教で、古くからの檀家さんがいるようなお寺の在り方としては、それはあくまで一部で、むしろ常日頃の生活態度とかみられますよね。お坊さん自身のキャラクターとか。そういうところで人が伝わる。伝える媒介は違うんでしょうけど、結局はやっぱり人をみてる。お坊さんの人柄をみられてるわけで、そこは、お坊さんとして気をつけなきゃいけないとは思いますね。

——Amazonで急に呼ばれていって、故人を知らなくて、戒名とかってどうやってつけるんでしょうね。

白川：ほんとですよ。だから通り一遍の戒名になるじゃないですか。葬式仏教とか檀徒制度の良いところっていうのは、やっぱり常日頃の日常生活から繫がっていて、死んだ時にもそれが活きるっていうのが、良いでしょうね。ただ、それによってしがらみだったりとか、縛られたりとか、自由のなさみたいなのが、悪いところでもあるんでしょうけどね。

——今日日《きょうび》そういうしがらみが好きではない人達が多くなって……まあ都市部の方が、特に地方からみんな出てきたりするから、なおのことそうなんだろうけどね。

白川：都市部に出てきてる人っていうのは、次男、三男が多くて、既に地縁が切れてしまっている人が多いわけですから、当然そうなりますよ。私もお坊さんとしてではなくて、個人としては、感覚的にわかります。結婚式だって仲間内で小さくやりたい、会ったこともない人なんて呼びたくないとかあるじゃないですか。その日初めて会う人に「結婚おめでとう」みたいに言われても別にね、みたいな。そういうのはやっぱりわかりますよ。でもそこはね、大人にならなきゃなと思うわけで。地縁・血縁を良いものと思うか、悪いもの、面倒臭いものと思うかに問題は発している。例えば散骨も、故人の意志でとか言ってるけど、絶対に埋葬する側の、生きてる人の心のどこかに、「お墓の面倒は見たくない」ってのがあると思うんですよ。

——永代《えいたい》供養料とか。

白川：そうそう。だって散骨しちゃえばお金かからないのに、お墓だったら200万もかかるじゃないかみたいな、そういうのが絶対少しはあるはず。それが人間ですから。結局自分の損得勘定とか利害関係が全くない人っていうのはあり得ないですから。だから、その部分はやっぱりね、見抜いて対応しなきゃいけないと思いますよ。

——確かに明治になってから葬儀屋ができて、お寺が貰うパイってのは変わらなくても、結局葬儀屋さん、石屋さん、なんだかんだっていうので上乗せされていくから、その分がすごいおかしいって言う人達が増えてくるわけだものね。

白川：それは、その通りなんじゃないですか。人が病院じゃなくて家で死んで、その人達をお寺に葬って、お坊さんにお布施払って終わりなら、かかるお金なんてたかが知れてるじゃないですか。でもそういう時に、例えば亡くなって遺躰を墓まで運んで、墓の穴を掘って埋葬してくれるのは、日頃付き合ってる地域共同体の若い衆。この辺の人だっていますよ、今60〜70歳くらいの人は、墓の穴を掘った最後の世代。うちの親父なんかは土葬の頃を知ってます。すると火葬場のお金なんてかからない、霊柩車だって要らない。村のみんなが農家だったら、休みも働きも一緒だから手伝えます。

よく話してくれますよ。「あの婆さんの墓穴は俺が掘ったんだ」とか。で、1年のうちに1軒で二人亡くなると、「こないだそっち掘ったから、こっち掘らないと、そっち掘ると出てくるぞ」とか言って掘ったとか、そんな話はいくらでもあって。時代ですよね。ただそれは、昔はお金かからなかったから良かったね、という単純な話ではなくて、現代で嫌がられているしがらみと村社会で常日頃から生きてたっていう事実と不可分なんです。

――野火送りするにしろ、ご飯出したりお礼をしたりとかしなきゃいけないわけだもんね。

白川：棺桶担いでくれたらその人に報酬払ってとか。だから一面的に良い悪いでみると、物事の本質はみえない。こうした状況の中で、ぶれない本質を見抜いて対応していく必要はあると思います。だから私が青山のお寺だったら、檀家さんの多くはどこかから来てる人でしょ。そしたら多分いち早くマンション墓地とかやるんじゃないかなと思いますよ。

で、墓地を守るのが自分の一本の軸と思わずに、坊主バー開いて、どんどん道行く人に仏教を紹介したりするかもしれない。その場、その土地、その風習でやるのがいいだろうと。

お坊さんの使命

――Ａｍａｚｏｎに関連してもう一つ。ゆうパックで遺骨をお寺に送って納骨するっていうのも、そういう時代の変化と捉える？

白川：そんな例があるんですか、それは初めて聞きました。

――あるお寺が始めたそうで。宅急便だとダメと法律的にも決まっていて、要は遺骨自体を配送できるのが郵便局だけらしいので、郵便局で遺骨を送ると、そのお寺で収めるらしいんだけど。雑誌で出てました（埼玉県熊谷市の見性院。２０１３年から受け付けているという）。

白川：そういう時代もいつか来るかもしれないですね。中世なんてね、人が死んでも道端に置いて、そのままみたいな世界でしょ。死への向き合い方って時代によって違う。遺骨に対する意識とかね。それを現代とか、自分の価値基準で、良い悪いって言うのは、建設的じゃないですよ。ただ、それをそれとして受け止めて、そういう人が出てくる時代になったんだなって思う必要はあるでしょう。

——あと、何よりも白川君の場合、修行以外にも歴史学でいろいろな事例をみたりしてると、今のこういう枠組みっていうのは別に不変ではないことがよくわかっているからこそ、そんな風に思うのかもしれないですよね。

墓である五輪塔を削って、加工したものを庭園に使うなんてことが中世で行われていて、そういうのをみると、ああやっぱり中世って違うんだなってつくづく思う。この話を授業でするると、聞いてる人達もそんなに違うってことに驚きを持ってくれたりするんだよね。だから、安土城を造った時に墓石を使ったといわれる信長が特別だったわけじゃないんですよっていう話を、よくするんだけど。

白川：中学生の頃、チベットを旅した時に、チベット仏教には、鳥葬というやり方があることを知りました。亡くなった人を砕いて鳥に食べさせる葬り方です。グロテスクに思えますけど、鳥葬が一番徳の高い葬り方なんですよね。それは、鳥に食べさせて、森羅万象に返っていくという。あれは私には衝撃でした。非常にグロテスクだと思った。亡くなった人を切り刻んで鳥に食わすなんて、と。でもやっぱりそれを徳の高い葬り方だとする価値観がある、しかも同じ現代に。そういう死への向き合い方っていうのは社会によって違うし、人によっても違うし、一概に良いとか悪いではないわけですよ。ただそれに向き合わなければいけないお坊さんという職業は、すべてがケースバイケースで、しっかりと対応できなければいけない。そういう意味では、葬式のやり方とか、何のお経を読むとかではなくて、やっぱりお坊さんとしての姿勢とか心構えを培っていないと対応できないだろう。そのための修行なんじゃないかなと思いますね。

――京都の方ではバーを開いてる方がいるとか。

白川：坊主バーね。あれは東京にもありますよ。

――さっき白川君が言っていたような、葬式仏教って揶揄されるようなこと言ってても、あくまでも宗教としては救済なり、人の不安に対するものっていうことが必要なわけでしょう。でもその時に収入自体は、あくまでも葬式仏教に頼らざるを得ないというか、二層化されているのは、今後もそのまま行くと思う？

白川：いや、じわじわと変わっていくんじゃないかな。早いか遅いかだと思いますね。対応していかなければいけない時もあるだろうし、どこかで戻ることも当然あると思うし。

――それはそうだよね。お寺としてはお墓があり、変わるにしろ、救済して欲しいって人達は、救わなきゃいけないってことなんだよね。

白川：そうです。お寺の機能としては、檀家さん達のお墓を預かっていますから。いくら社会が変わって、葬式のやり方や、死への向き合い方が変わっても、お墓がある限りは少なくともそこは維持していかなければいけないわけですよね。非常に難しいですよ、やっぱり。これから変化していく社会に対応するっていうのは。

――なるほどね。だから、バーを開いてみたり。

白川：門戸を開くっていう意味ではいいと思うんですよ。それで金儲けしようと思ってる人って多分いないと思います。坊主バーとか、お寺でコンサートやってみたりとか、「ぶっちゃけ寺」とかテレビ番組もそうですけど。それでお金儲けをしようと思ってるわけじゃなくて、仏教とか宗教を、間口を広げて身近に感じてもらって、何かあった時に側にいますよっていうのをわかってもらうための活動だと思えば、坊主バーだっていいでしょうし、「ぶっちゃけ寺」だっていいだろう、と思います。

――白川君としては今のところお寺の機能としては、やっぱりお墓を預かることが第一、仏事とかをきちんと執り行ったりするのが第一であって、地域の人々が何かお葬式とかする時に、拠って立つ所として今後も機能するようにしていくことだと?

白川：そう。まさに葬式仏教ですけど、まずはこのお寺の檀家さん一軒一軒に対して向き合って、お葬式なり法要なり日々の対応なりをきちっとする。それが何より。檀家さんと向き合うことです。で、そこがしっかりしている状態で、次の一歩として、坊主バーやら何やらの、布教の部分ですよね。

――最後に。さっきも話が出たけど、死とは何か?

白川：私としては、死っていうのはもう、死んだ時点でおしまい。それ以上でもそれ以下でもない。

命の自信に繋がるセレモニー

亀野元彰氏インタビュー

福聚山静翁寺 副住職 亀野元彰

昭和56年神奈川県川崎市曹洞宗静翁寺に生まれる。慶応義塾大学経済学部卒業。卒業後、大手不動産管理会社に勤務。平成20年大本山總持寺に上山。約1年間の修行を終え、靜翁寺副住職となる。

幸せとは何か

——今日は宜しくお願いします。元彰さんの場合は、出家というか、修行に入られる前のお名前で、更に僧名になった時には、基本的には漢字というか、表記自体は変わらないままま？

亀野：変わらないですね。

――一般的には、お寺の子供として生まれた場合には、息子さんが生まれたら次は僧侶になるかもしれないと思って、名前をつける。ご自宅がお寺ということで、修行に入られた歳としては何歳から?

亀野：26歳です。

――何年間くらい修行されましたか?

亀野：1年です。修行の考え方も「制中《せいちゅう》」というのがありまして。3ヶ月間、「夏制中」と「冬制中」というのがあるんですけど、3ヶ月外に出ず集中的に修行をする期間と、「解間《げあい》」といって、3ヶ月間は、新たな修行僧を受け入れたり、修行を終えて出て行く事ができる期間です。

何回制中をやったかという考え方があるんですけど、私は2つ制中をやったということで、正確に言うと1年と3ヶ月くらいなんです。

――修行されていた場所は總持寺ですね。我々がいつもお参りにいく場所よりも奥にある僧坊で修行をされている。基本的に修行の内容としては、坐禅をするというのがメインですか?

亀野:坐禅がメインです……というと他のことがサブということになるので、修行は坐禅を含めすべてがメインとすることだと思います。その坐禅とは特定のことにつかまらないこと。坐禅の心で日々を過ごす、つまり目の前にあることのすべてを活かすように行動することが修行だと思います。だから、お茶を飲むのもご飯を食べるのもスリッパを揃えるのも、すべての所作が修行。実際は清規《しんぎ》という修行をする上で気をつけるべきことが事細かに定められています。だから一般的に修行のイメージがある「滝行」のような修行はないですね。坐禅は摂心《せっしん》という集中的に坐禅をする期間を除けば、朝と夜のみです。坐禅以外は掃除していることがほとんどです。

――托鉢とかは?

亀野:托鉢は1月の「寒行托鉢《かんぎょうたくはつ》」といって、寒い時期になると自分で草鞋《わらじ》編んで行います。

——そうなんですね。じゃあ基本的にはお寺さん、本山さんに行って、掃除とか日々の生活をしながら、僧侶になることを学んでいく。教学的な講義もある？

亀野：教義的な講義も行われますが、私の場合は特に、全く仏教的な勉強をしたことがないまま、着物の着方すらわからずにいて、『般若心経《はんにゃしんぎょう》』も唱えられずに、ポーンといきなり入った口だったので全くついていけませんでした。日常の所作を学ぶのに精一杯で、睡眠時間も少ないので聞いたふりをしながら休むことに集中していた気がします。基本的にはやっぱりお寺に生まれて、駒沢大学を卒業してから修行に来る人が大半なので、基礎知識がない自分が恥ずかしく思いました。

——仏教史とか仏教思想を学んだ上で本山に入る人が多い。

亀野：在学中にどれだけ勉強していたかは、私はわからないですけど、ただ今になって、逆に私が駒沢大学に聴講に通いながら、基礎的な勉強をしに行っているところです。

——お寺に入られてる方で、駒沢大に聴講してる方も、結構な数いらっしゃるんですか？

亀野：ほとんどいないです。私の場合は地理的に駒沢大学に通学できる場所にお寺があるのでとても恵まれていると思います。実際、お寺の仕事をしながら大学に通うのは、地方のお寺では時間的に厳しいと思います。私の場合は特殊でまったくの無学だったので基礎的なことだけを学んでいるだけですが、本格的に教義的な勉強をされる方はたくさんいて、曹洞宗の中央機関にあるところで専門的な研究をされています。

――元彰さんは、学科自体は仏教とは関わりのない大学を出られて、社会人に一度なられてから、寺を継ぐことになったのですね。継ごうっていう、何かしらのきっかけっていうのは？

亀野：経緯とすれば、ここに生まれ育って、長男で妹しかいないとなると、もう消去法的に継がなきゃいけないというか、レールがひかれてるっていうのが、自分の中でも、小さいながらも意識はあったんですよね。要は、「ああこれで、お寺も安泰だね」みたいに、小学1年生くらいの時に頭撫でられながら言われるわけですから。「これでもうちゃんと継いでくれる人がいて」って言われても、継ぐか継がないかっていうのは、俺まだ何も言ってないけどなって思いながら、もうそういう前提で進んでいく中で、僕はだからすごくそれは嫌だったんですね。継ぎたくないっていう気持ちもありながら、仏教系の学校には行かずに、他の学校へ行ったんですけど。結局、大学の頃にはもう継ごうっていう風に決めてたんです。

――その何か、きっかけというか、それこそ、決め手は？

亀野：決め手やきっかけのような出来事はなかったです。いい意味であきらめたというか、受け入れたんだと思います。強いて言うなら、学生時代「物をたくさん持つこと＝幸せ」ではないと思ったことが継ごうと思った一つの理由です。学生時代の友人で有名な企業の創業者の家系だったり、いわゆる「お金持ち」の友人が何人かいたんです。はじめはどんな暮らしをしているんだろう。子供心に羨ましいなあなんて思っていたんです。そんな彼らと友達として長い時間一緒に過ごしていくうちに、自分とは違って何でも持ってる「幸せ人間」で住む世界が違うと思っていたのが、案外自分と変わらない考えや感覚をもっていて「同じなんだ」と思うようになりました。確かに経済的には過分に恵まれていて、家も広かったり、たまにビックリするような高価な物を持っていたりすることはあったけど、自分と同じように悩んだり、逆にお金持ちの家に生まれたが故の悩みで苦しんだりしている姿を見てきて、経済的に恵まれてお金持ちになれば手放しに「幸せだ」とは言えないんだなと思いました。世の中では、セレブとか勝ち組とか、競争に勝ってたくさん物を持っているようなことが幸せのように言っていて、きっとそういう人たちが目指している人の子供ですけど、付き合ってわかったのは、お金持ちになったというだけで悩みもなく、すべて思い通りにいくかといったら違うなと思ったんです。じゃあどういう風に生きていこうかなと思ったときに、生まれ育って、縁としてもあったし、最終的に寺を継いでもいいかなという風に思うようになりました。それでせっかく継ぐんだったら世の中のほとんどの人が会社員として勤めているので、修行行く前の何年間かは勤めようっていうんで、サラリーマンを経験しておこうという軽い気持ちで就職しました。10年は勤めようと思っていたんですが、寺の本堂が耐震上の問題等で建て替える話が急浮上しまして、逆算すると、落慶式をするために資格を取る為にはすぐにでも辞めないということになり、丸4年勤めたところで会社をやめたんですよね。で、そこから、何も知らないまま修行に行って、今学んでいるっていうところです。

曹洞宗の修行

――なるほど、そういうことだったんですね。じゃあまさに、教学的なことや仏教史といった点がない状態で、かつ修行自体が講義が身についてないというと、一度本山で修行しました、一回自分の寺に戻ってきます、で、副住職としてお父さんと一緒に法事とかをしなければいけませんっていう時に、何かテキストみたいなものは、曹洞宗ではあるんですか？

亀野：法要の作法は修行期間でばっちりマスターします。短期間で頭で考えなくても動けるようになるからあの教育システムは凄いです。ただ、曹洞宗は約一万五千カ寺あって、いろいろな修行道場で修行してきた人が集まりますから、明治期にできた『行事規範』というものを標準にして行います。これがテキストといえばそうなると思います。

――じゃあ、変な言い方ですけど、同業者のやってる作法とか儀式とかをみると、あ、あれは永平寺のところから……っていうのは、同じ宗派であればみてわかるわけですか？

亀野：わかります。お袈裟の掛け方も違いますから。

法要を務める際には、導師といわれる人を中心に行いますので、その方に合わせるのが基本です。永平寺と總持寺でも、お経中に鳴らす鐘の打つポイントだったり細かいことが違うので臨機応変に対応します。

――事前の打ち合わせみたいなこととかはあったりするんですか？

亀野：そうですね。導師を務める老師には必ずやり方を確認して、法要の前には配役の与えられた僧侶が集まって打ち合わせはします。本山で法要のやり方をマスターしても、「山風」なんていって、お寺によって細かい部分が違ったりします。

――じゃあお寺に戻られてから、お父さんであるご住職から、実際にこの地域の仏事っていうのはこういうことをするんだ、葬式であればこういうことをするんだっていうのを、その場でレクチャーというか、口伝で伝わっていくという感じなんですね。

ちなみに静翁寺さんは、室町から続いていて、寺号が変わったりしていると思うのですが、代々ご住職を勤められている家は血族で続いてるっていうわけではない?

亀野：ないですね。血族で続いてるのはうちのお爺ちゃんのお爺ちゃん。ひいお爺ちゃん、その前の代からですね。

――江戸末期か明治くらいからですか?

亀野：そうですね。明治に入ったくらいですね。

——臨済宗の友達（前述の白川氏）から聞いた時には、建長寺なども仏事に関する作法の修行はしないと聞いていました。曹洞宗の方も、永平寺と總持寺の2山で、僧侶になるという覚悟というか、思いをきちんと修行で持たれて、実際に個別のお寺に入って、更に地域の仏事を行うということですか？

亀野：そういうことになります。ただ、私が修行していた總持寺はたくさんの檀家さんがいらっしゃるお寺なので、修行と共に仏事に関わっていくということが必然的に多くなります。

——じゃあ修行の途中で、仏事に関わっていくという？

亀野：そうですね。總持寺を開かれた瑩山《けいざん》禅師は、先祖供養やご祈祷を取り入れて一気に信者を増やしたんです。現在の曹洞宗を広く開きこれだけの大教団となったのは瑩山禅師が先祖供養やご祈祷をしたからだと言われています。だから總持寺自体はそういった檀信徒の供養は積極的にやっていると思います。

亡くなった人の生き方から受け継ぐもの

――宗教自体は魂の救済が元々のメインな活動なわけですから、確かに歴史でみていっても、比叡山とか高野山みたいな、国家祈祷さえしていればいいっていうのとはまた違って、民衆の魂の救済とか供養をしようっていうことを考え出すのはやっぱり鎌倉新仏教だなというのは歴史をやっていると認識はしていて。それで改めて調べていると、やっぱり禅と、律宗、浄土系などが、どんな風に民衆達の葬式を整えていこうかと考えていたのだなあっていうのがわかってきました。ただ、どのようにして伝えてるのかというのは、外からでは、やっぱりわからないので。それで特に、ご住職が總持寺さんで仏事をされたのを拝見した時、失礼な言い方かもしれないですけど、マスゲームみたく皆さんが動くじゃないですか。ああいうのも本山の時に、仏事として実際に携わったりして、身につけたりするものなんですか？

亀野：そうですね。ほぼ毎日やるので、あれは、身体が勝手に動くくらいまで、ずーっと、毎日。全く知らなくても、『般若心経』を知らないうちに諳んじるようになれますし。

――あれを見ながらやっぱり、神道と違って、仏教はシステマティックに儀式を行うんだな、と強く思いました。やっぱり土着のアニミズムから始まるような神道は、あまり大きい儀式をすることがないんですね。豊臣秀吉の千僧供養（文禄4年（1595）父母の供養での大法要）みたいに、1000人の僧侶を集めて何かするみたいなことって、神道ではあり得ないんですよ。そういう意味では、ああやって形を作ることで、「ああちゃんと救済されるんだ」って、檀家の方が思われるっていうのは、すごく効果的なことなんだろうなあと、みていて思ったりしました。

亀野：そうですね。遶行《にょうぎょう》と言うんですが、たくさんの僧侶が動きながら読経する法要は圧巻だと思います。儀式の力ですよね。言葉では表せないものを感じますよ。

魂の救済という意味では、私は葬儀式の力で必ず成仏すると思います。ただ、霊魂を中心に仏法を説くとすると、見える人、霊魂を信じる人にとっては「いる」し、見えない人や信じない人にとっては「いない」。仏法は普遍的なものであるから、教えを説くという観点から考えるとやはり「どう生きるか」、様々な思い通りにならない出来事と出会った時にどのように生きるのかという生き方を中心に説くべきだと思うんです。

以前、ある偉い老師のお話を聞いてなるほどと思った事があって、元々日本に入ってきた仏教は教義的な色彩が強かった。例えば縁起とか四諦とか。こういった教えは勉強してみると「なるほど、確かに素晴らしい教えだ」と思うんですけど、少し難解でとっつきづらい。一方、一般の人が宗教に求めるものは断トツで先祖供養。魂の救済。身近な人の死という不条理を目の当たりにした人達に寄り添いながら、供養に関わりながら残された人、生きている人を教義的な仏教のステージに引き上げていく、導いていくそれが僧侶の仕事ではないのか、と教わりました。

通夜の式が終わった後に必ずお話をするんですが、通夜の時に祭壇にたくさんの供花が飾ってある。そしてお香をたいて、枕団子がある。あれは約2500年前の2月15日に沙羅双樹の下でお釈迦様が涅槃に入られたところを模しているんです。大パリニッパーナ経にある通りに再現している。亡き方をお釈迦様と見立てて、参列されている方は枕辺を囲った仏弟子《ぶつでし》さんなんですよって。お釈迦様が自分の死をもって弟子たちに無言の説法という形で諸行無常であることを伝えました。だから仏弟子と見立てた参列している一人一人が目の前の棺に納められた故人の死から学び、無言の説法を主体的に聞くことで、故人は世の中は無常であり無我であることを説いた仏となるのです。

お釈迦様は生前、弟子のアナンダに「私の死後、声や姿を求めてもそこに私はいない。私の教えをそなたが行じた時私は常にそなたと共にいる」といいました。故人を仏とするならば、故人が生前行っていたことの中から受け継ぐべきものは何か。きちんと考えてそれを故人の教えとして受け取った時、故人は自分を教え導く存在となる。

そして、亡くなった人の良かったところの中から、仏法に適ったものを提示し戒名にその願いを込め導いていくのが導師であり、私の仕事だと思います。そうすることで、大切な人の死を機縁に、生きている人が教理的な仏教の世界に触れる事ができる。

霊魂を立てて説くと普遍的なものとは言い難くなる。でも故人を仏として受け取ることで「死んじゃってどこかいってしまった」ではなく、自分の心の中に生かしながら常に一緒にいることができる。こんな安心ないと思います。

そうしないと「魂は極楽に行ったの？　証明してよ」って言われてもどうしたらいいかわからないし、実際に死後の世界を見れないし。自分でそういう世界が見られればいいんですけどね。

――死んだ人間のことはわからない。

亀野：そうですね。死んだことがないので今のところわかりません。そういったことがあるので、残された人達の生き方として、大切な人の死を機縁にして、どうその人を仏として良く生きていくかっていう方向に導いていくっていうのが、今僧侶として自分がやるべきことなんじゃないかなと思うんです。

――じゃあ、葬式自体も、檀家さんが誰か亡くなられた時に行うとしても、やっぱり亡くなられた方ご本人は当然、供養は仏事としてはするんですけれども、当然のことながら後ろにいる、それを供養しようと思っている、生きている人達の方に意識が非常に向きつつお話をするっていうことですか？

亀野：そうですね。対機説法（相手の能力に応じて法を説く）じゃないですけど、応病与薬というか、苦しんでる人によってお釈迦様が話を変えて。Aさんにはこう言ったけども、Bさんには全く違うことを言ったとか。その人を救おうと思ったら違ういろいろな方法があると思うわけです。この人にはこういう風にするっていうのは常に自分を見つめ直しつつ、考える。

――そうした葛藤というか考えっていうのは、例えば同じ世代の修行をしていた同期の僧侶の方々と、話をしたりすることはありますか？　違う仕事でいえば、飲みながら仕事の談義をしたりすることがあるじゃないですか。歴史の研究者としても、飲むと大体あの史料はどう読むんだとか、この研究分野はどうなっているかとか話をして。研究会は研究会で有意義であっても、雑談をしている中でもっと話を深めて、根本的な考え方を深めていくことがあったりします。僧侶の方々の中ではそうして話をすることってあるんですか？

亀野：あります。今は宗門で主催している、泊まり込みで法話を勉強をする研修に参加していますが、日本全国から同じ志の人が集まるので、自然とそういった話が展開されますよ。でもすべての僧侶の人が真面目な雑談をしているわけではないですね。僧侶といってもいろいろな人がいますから。どんな会社だって、組織の中には一生懸命な人もいればそうでない人もいる。同じですよ。

でも個人的にはやっぱり同じ世代の僧侶同士で話すより、これはという高僧のお話を伺った方がはいってくるというのはあります。普遍的な仏法は、ひと鍬でも掘り下げようとされている老師の方が重みがあるし、わかりやすいという印象があります。流行り廃りとは無縁ですからね。

やっぱり、仏教の僧侶である以上、仏教をわかりやすく説明する義務があると思います。だって世間をみればそうでしょう。八百屋さんは野菜に詳しい、ディーラーの人は車の説明ができる。少なくとも今自分がしている儀式の意味や内容、それに関わる教えはきちんと説明できるようにと意識しています、あたりまえですけど。更には学んだ教えによって自分を照らして実践しないと学んだことにはならない。修行は一生続く、たとえ悟ったとしても修行しなくていいですよとはならないのが道元禅師《ぜんじ》の教えです。

――世襲されている方々が意識をあまり強く持たないで、昔からされている通りにすればいいじゃないかって思う方も中にはやっぱりいらっしゃると思うんですけど、元彰さんも含めて家がお寺さんだったたっていう方であれば、やっぱり、ああ、継がなきゃいけないのかもしれないとか、資格を取っとけって言われてるからっていう人もいると思うんですけども、曹洞宗の中で例えば本山に修行しにいったら、全く寺とは関係がなくて、まさに悟りとか宗教に対する信仰心があって発心して出家して修行したいんですって方は、いらっしゃいましたか？

亀野：いますよ。でもそんなには多くはないですね。總持寺で修行時代の同期が6、70人って中の、そうですね、10人はいないですね。

――ちなみにその人達っていうのは、本山を出ても就職するお寺がないわけじゃないですか。そうした時に、1年3ヶ月ということではなくて、もっと長くいる場合でも問題はない？

亀野：そうですね。まあ長い間修行をしていれば、後継ぎのいないお寺からスカウトされることだってありますす。継ぎ手のいないお寺は結構ありますからね。発心して修行にくると言えば、今海外の方が日本の修行道場に修行にきています。總持寺にもドイツ人とブラジル人の修行僧がいます。曹洞宗の寺院もアメリカ、南米、ヨーロッパ、アジア、オセアニア。最近ではパラグアイにお寺が建ったみたいですよ。アメリカの西海岸には禅センターと呼ばれる坐禅堂が数百あるとも言われています。ナイトスタンドブディズムといって、夜、自宅で小さな明かりをともして坐禅をしている人も多いと聞きます。やっぱりスティーブ・ジョブズの影響が大きいんじゃないでしょうか。

――瞑想や禅っていうのは、日本文化の象徴として使われたりしますよね。

亀野：ジョブズの会社の宗教指導者で曹洞宗の知野弘文《ちのこうぶん》という老師がいました。そもそも知野老師がアメリカに渡米したきっかけは同じく曹洞宗の鈴木俊隆《しゅんりゅう》老師でした。この方は、「二人の鈴木」と呼ばれ、鈴木大拙《たいせつ》と並んで、欧米に禅を広めた立役者です。鈴木俊隆老師の法話を集めた本がスティーブ・ジョブズの愛読書だったそうです。その他多くの宗侶の方が、海外で苦労しながらたくさんの仏種をまいたことによって、今それが花開いて海外に寺院ができて、外国人僧侶が増えたんだと思います。彼らは純粋に生き方としての仏教を追及しているイメージがあります。見習わなくてはいけない部分がたくさんあります。

私が總持寺で修行していた頃、8年前になりますが、その時でも頻繁にフランスやオランダ、アメリカからたくさんきていました。要は日本の神父さんがバチカンに行くみたいなもので、本場に行って修行したいという人がいるんですね。

安泰寺《あんたいじ》（兵庫県）のように、今ネルケさんというドイツ人が住職（2002年～）だというところもあります。因みにネルケ老師は神父さんの息子だったみたいです。安泰寺には、外国人の修行僧が多くて、バックパッカーもそこで修行できるようです。

――そのお寺って例えば、バックパッカーの人が修行しに来ましたって時に、下世話な話ですけど、食い扶持は、そこのお寺か檀家さんが修行する人達を支えるってことになるんですよね？

亀野：そういうところもあると思いますが、ほぼ自給自足で、畑仕事から何から全部やって自分達で賄うようです。いろいろと寄進もあると思いますけど、基本は自給自足と聞いています。

生前の関係が薄くなっている

――また個人的な話をお伺いしたいと思います。小学生で、大抵週末しかお父さんの顔を見ないというサラリーマンの家がいっぱいある中、自分のうちはお父さんが家にいて、頭を坊主頭にしていてというので、「お寺なんだ」っていうことに意識がいくと思うんですよね。お葬式もされる中で、「あ、人って亡くなっていくんだ」というのをきちんと意識したのってどれくらいの年ですか?

亀野：多分、今もわかってないんじゃないかなって思ってますね。やっぱり第三者の死と、自分の肉親の死と、また違うと思いますね。

死として、ご供養するっていうところで、遺族に感情移入しながら、「親の死ってこういうことなのか」とか自分で想像しながら勤めることはあるんですけど、あくまで想像にしか過ぎなくて、最終的には自分の死を思っていかなきゃならないというか、自分も明日死ぬかもしれないのに、っていうところに引き寄せていくのが難しいです。

四馬《しめ》の喩えというのがあって、4頭の馬がいて、1番目の馬は鞭がみえた瞬間走り出す馬で、2番目の馬は鞭が触れたか触れないかで走って、3番目の馬は鞭がぴしっと当たったら走って、4番目は骨の髄までしみてようやく走る。1番目の馬は、鞭の影が見えたとか、他の国で死者が出た話を聞いて、「ああ、自分もそういう風に死ぬのか」って思える。宗教的な素養が高い人は多分1番目で。2番目は例えばちょっと近い人が亡くなった時に、「自分もほんとに死っていうものがあるんだ」っていう風に思う人。3番目は肉親とか家族とかが亡くなった時に、4番目は自分が死ぬ時に初めて死っていうものを意識するという。そう考えると僕なんかはまだ、死というものがきちんと自分のものとして明らかにできているか、理解できているかといったら、わかんないっていうのが正直なところです。

――実際に修行されて僧侶になられて、お寺に戻ってきて初めて法事をしなければいけない。住職と一緒に仏事に携わって、目の前にご遺躰があってって時に、ただ自分とは違う他者の死と感じたわけですか。死っていうもの自体に対する意識っていうのは、今のところ変わっていないということですか?

亀野:理論上の死はわかるんですけど、自分に引き当てて考えられてるか、自分の死っていうところまでなってるかっていったら、そうではない。死んじゃうんだな、人っていうのは死ぬんだなっていうのは頭ではわかっていて、明日死ぬかもしれないとなったらやるべきことはいろいろあると思うんですけど、そこまで僕は多分考えられてないというか。死というものを自分の身に引き当てて考えられていないんだろうな、それを知りたいなというスタンスで勉強しているのが現状です。だから(棺に)お花を入れてる時とかの家族の様子とかも必ず見て観察してしまいますし、どういう関係性だったんだろうとか。全然それによって違うんですよね。お父さんの良かったところって何ですかって聞いたりすると、「いやあうちの親父なんか飲兵衛《のんべえ》で全然いいとこ何もなかったよ」って言う人もいれば、こうだったんですよって褒める人もいたり。でもそういう風に、飲兵衛だったんだよってけなしながらも実は裏返しだったりとか。私は僧侶なのに、死というものはこうですねみたいなことを話せるほどわかってないので、今勉強中です。

――古くから地域にあるお寺っていうことで、檀家さんがそれなりにいらっしゃるわけですけども。全体的な流れとして、昔は大きい葬式が多くあったけれど、どんどんと縮小傾向にあると思います。実際に例えば檀家さんとお話をする機会が増えていく中で、檀家さん達の死に対する受け入れ方の意識をみて、「あ、こういうもんなんだ」とか、「あ、こういう風に思うんだ」っていうことはあったりしますか？　お父さんとかお爺ちゃんが亡くなった時に、昔だとお化けが出てくるとか、枕元に立つかもしれないとかありましたが、今社会学的にアンケートを取ると、あまりそうしたお化けの話は出てきません。「化けて出てこないでね」っていうことではなくて、どちらかというと後ろについてくれてるくらいの意識の差っていうのは学問的には出ています。実際葬式の模様自体が縮小してきて、家族葬が多かったりしますか？

亀野：最近は家族葬と言われるのが増えてきましたね。いわゆる家族葬ってどこまでがという定義はよくわからないのですが、近くの親戚などを呼んで30人40人でという方が多い印象があります。当然ですが亡くなる方の多くは後期高齢者の方で、90歳過ぎてと言う方も多いです。そうなると周りの人や関係のあった人も亡くなっていたり、施設に入っていたりでお葬式に来られず参列者の方が少なくなっているという現状はあって、それはとても理解ができます。最近よく言う「家族だけでしんみりおくってあげたい」という言葉の裏側にあるものは、「自分達だけおくれればいい、他の人は関係ない」という気持ちがどこかにあるんではないかと思います。人は家族だけの縁の中で生きているわけではない、様々な関わり合いがあって生きてきたのに、故人にお別れを言いたい人はいるはずなのに、「家族だけでやりますから」と断ってしまう。経済的な理由で、「お金かかるからこじんまりやろう」と言う方もいますが、葬儀は元々地域の人での救済システムです。だから不祝儀は半返しなんです。実際そのようにした人から「お蔭さまで助かりました」なんてよく言われます。どちらにせよ故人が生きてきた中で関わった人に供養の場を設けてあげるのが残されたものの責任ではないかと思っています。

——ちなみに静翁寺さんの檀家さんっていうのは、信仰の全然違うところから都市に引っ越してきて檀家さんが増えてくるってことがあるんですか？　また、新たにマンションができたらそれをきっかけにお願いしますっていう人達も増えてきているんでしょうか？

亀野：そうですね、川崎という土地柄もあって、人口が増えているのでそういう人たちも多いです。

大切な儀式としての墓を遺す

――今、一般的に墓石を建てることが多いわけですけど、例えば樹木葬とか散葬を希望される方はいらっしゃったりします？

亀野：たまにいます。海が好きだったんで散骨をしてくれとか、樹木葬もそうですね。希望としてはいますが、相談に来られてから実際にそうされている方はあまりいないように感じます。

――樹木葬は目印に立ってるからわかるんですけども、例えば海に遺灰を流すっていう場合は、墓標というか目印がなくなるわけじゃないですか。ご本人がそういうことをご希望されたあとに、仏事を実際しました、で、そのあとにご遺族の話は「でもさ、やっぱりそういうことじゃなくて、ちゃんと墓石があった方が」っていうようなこととかもあったりは？

亀野：ありますあります。なので、エンディングノートとかで自分が死んだらこうしてほしいというのは一長一短あると思います。個人的な意見ですが、お葬式って残された人が故人の為にする一面もあると思うので、エンディングノートで事細かに指示するよりは、生前に顔と顔を突き合わせてコミュニケーションをとることに尽力した方がいいと思います。なぜそれができないか、無縁化したり住宅の事情もあるかとは思いますが、根本的には「自分も親もまだ死なないだろう」という認識がそうさせていると思います。例えば家族が癌を患ったことによって家族間のコミュニケーションが増え、絆が強まったということがありますが、それは、世の中が無常であることを捉えて、一瞬一瞬を大切に過ごそうとしている結果だと思うんです。そのように送った遺族の方は、亡くなられてからも故人との縁を大切にします。つまり手を合わせたい、手を合わせる場所が欲しいと言われます。散骨を否定するつもりはありませんが、私はお爺ちゃんのお墓の前で手を合わせるとホッとします。3歳になる息子がお爺ちゃんのお墓の前で手を合わせている姿を見ると、命のつながりを感じます。

――なるほど。臨済宗の友達（前述の白川宗源氏）に聞いていても、やっぱり葬式っていうのはあくまで生きてる人のためにするもので、目印がないようなことにされてしまっても困る、目にみえないものに対してお金を払う意識が現代人はすごく乏しくなってきている。何で永代供養料とか戒名料とかにお金を払うのか。できるだけ圧縮していこうという意識があるのかもしれないですねという話を言われていました。

亀野：確かにそれはあると思いますね。きっと私も含めて現代人は常に「何の意味があるの」ということを意識していると思います。意味を知って価値を感じるものにはお金を払うけど、意味もよくわからない、価値が見い出せないものには一銭も払いたくないという心情があると思います。それまで慣習でそうしてきたからという枠には収まらなくなってきているんだと思います。自分がそう思うから、自分のしている儀式がどういう意味を持っているのか、仏教とは自分に何を与えてくれるのかという気持ちが強くて今学んでいるんだと思います。よくわからないけど教わった通りナムナムお経を唱えて、参列者もよくわからないけどお焼香してというのでは意味を見い出せない人が出てくる気持ちもわかります。ですからこれから僧侶である私達は試されていく時代なんだと思います。ただ私が安心しているのは、学べば学ぶほど、仏教は素晴らしい教えだと思えるし、僧侶になって本当に良かったという喜びがあります。「ちょっと違うかな」なんて思いながら仕事だしナムナムしておこうなんていうんじゃ最悪ですよ。仏教が素晴らしい教えで良かった。心から仏道を歩んでいきたいと思えるし、信じられる。お墓だって自分にとって大きな縁を与えてくれた大切な人が眠っているんです。本当に大切なものなんだと心から言えます。

――お寺としても墓を維持していくことを強く考えますか？

亀野：そうですね、いろいろ考え方はあると思いますけどね。でもやっぱり私個人としてもお墓は大事にしていただきたいなと思います。いろいろな事情で住んでいる所はバラバラでも、お墓の前で家族親戚が一つになれる。年回法要でみんなが集まる。亡くなった人が中心となって、家族や、親戚や縁者が集まって、横のつながりの縁を感じる。両親、祖父母、曽祖父母、命のバトンがつながっている。そして自分もその大切な命をバトンする者として子供がお墓の前で手を合わせている。つまり故人が中心となって縦のつながりの縁も感じることができる。縦のつながりと横のつながりが交わる、こんな貴重な機会って年回法要してお墓参りでもしなければなかなか味わえないのではないかと思います。そんな中で「お爺ちゃんここにいるんだよ」それを聞いた子供が、お爺ちゃんてどんな人だったんだろうと興味を持つ。そこにお爺ちゃんを知るたくさんの人がそれを伝え、また伝えた人も故人を記憶に刷り込んでいく。これこそ供養の形だと思います。

だって日常生活の中で、たとえ御存命だとしても突然「お爺ちゃんてどういう人なの」なんて話にはならない。故人を偲ぶためにたくさんの人が集まって、横のつながりの中で「あ、自分っていうのは、こんなにいろいろな人にこれだけ大切にされていたお爺ちゃんの命をいただいていたんだ」という縦のつながりに気づくことは、命の自信にも繋がっていくと思いますね。「大切な命」を感じたのであればそれをどのように大切に使おうか自ずと考えると思います。

お葬式だってそうです。小さな子にとって、家にいた時はいつもいる「僕のお爺ちゃん」だったけど、葬儀になってみたら、全然知らない人がたくさんお焼香に来た、という事実に出会う。小さいながらもお爺ちゃんてこんなにたくさんの知り合いがいたんだ、たくさんの人に仲良くしてもらって、大切にされていたんだなと感じる。更にそのお爺ちゃんの命を、僕が頂いているんだという風に思った時は、その子にとって必ず命の自信に繋がるはずです。

会員制からオープンに

——今の寺の在り方、静翁寺さんだけではなくて全般的な話です。Ａｍａｚｏｎで僧侶を派遣しますとか、遺骨をゆうパックで送っていただいてお預かりしますとか、あと坊主バーを開きますっていうのは、どう思われますか？

亀野：先祖供養産業になっているところがあると思うんですよね。世間の感覚からすれば、これから団塊の世代が後期高齢者となり、亡くなる人も増えていく。ということは供養の数も増えるだろう。これから伸びる業界だなと目をつけて、Ａｍａｚｏｎや他の産業の企業が目をつけていると思うんです。私もよく調べていないので勝手なことは言えませんが、儀式自体が形骸化している側面があって、儀式の奥にある大切なものをきちんと伝えられないから、なんか気持ち悪いしとか、親戚や近所の目もあるしとか、一応供養はしたいと思っている。でもそれにきちんとした意味を見い出せず、お経だけとりあえず唱えてもらえばいいというなら安い方がいい。そうしたら牛丼じゃないですけど、価格競争が始まる。Ａｍａｚｏｎは何万だからうちはいくらでやるよなんて、でもこうなったら先は見えていますよね。私達僧侶がするべきは、教えをきちんと学んで伝えること。そこに腰を据えていれば企業に翻弄されることもないと思います。

――やっぱり、最初の話にあった曹洞宗も含めて、悪い言い方ですけど、仏教自体が葬式仏教と揶揄されるようになっていますよね。まあ近世の制度的なところからそうなっていくわけですけど。葬式仏教と共に宗教としての考え方っていう教義的なところが本来はあるわけですけども、曹洞宗っていうのはそこをセットにすることによって教えを広く知らしめることを意識に持っているので、例えば坊主バーみたいなことをしていても、それでもっと教えが広がるのであればそれはそれでいいんじゃないかっていう風に思われる？

亀野：いいと思います。いろいろな形があって、それに挑戦していくことは素晴らしいと思います。伝えたい仏法という核心があればあとはどう伝えるかというテクニックは時代に合わせて変化するべきだと思うし、多様化していくことはまったく問題ないのではと思います。

私個人としては、プロの葬式仏教を責任もって行うことで伝えていきたいと思います。葬式仏教、葬式坊主なんて揶揄されていますが、大切な人を亡くして悲しみの真っただ中にある人を仏法によって救っていく。こんな素晴らしい仕事はないんじゃないかなと思います。ただお経を唱えて成仏しましたよ、大丈夫ですと押し切るんじゃなくて、遺された人が故人を仏としていただいて生きていけるよう、故人の命を遺された人の心の中に活かしていくよう導いていく導師なんだという自負を持ってやっていきたい。本当は僧侶として仏法を広めるためにいろいろな新しいことをやりたいなんて思っていたんですが、尊敬する老師の影響を受け、葬儀や法要に根ざしていくことに自信を与えていただきました。今は、プロの葬式坊主としてきちんと悲しむ人に寄り添って、生き方のヒントを与えられるようになりたいと自分なりに頑張っているつもりです。

――檀家さんを守っていくということ、具体的にはお葬式をしたりするわけですけども、もっと昔の、中世とか近世においては、寺院や神社って地域のコミュニティの中でど真ん中にあって、人々が集まって来るんですよね。今逆にお葬式にしか来ないじゃないですか。そうした時に、プロの葬式仏教をできるようになるっていうのは当然すごく大切だと思います。そして、プロだからこそ生きてる人達にも知らしめたりするわけなんですけど、その他、お寺で、お葬式以外で地域の人々と触れ合ったり来てもらったりっていうのは、何かしら実践していこうと考えられたりしますか？

亀野：それはずっとやりたいと思っています。今の檀家制度では会員制なんです。お寺自体が檀家さんという会員がいて、その方々が中心になってお寺を支えていただいているという構造です。でもお寺は地域の中心的な役割を果たしていたはずがいつの間にか、お葬式や供養の時だけってなっている。様々な人がお寺に足を運んでいただけるようにしたいと思っています。会員制という側面もありながら一方で地域に開いていかなくてはならないと心から感じています。

他寺での取り組みを見ているると勉強になることがたくさんあります。例えば、子供たちをお寺に泊めて裏の山で虫を捕ったり、自然の体験をする。境内に子供の声が響いているというのは素晴らしいですよね。実際問題としてはうちのお寺は境内も狭くて子供が遊ぶといっても……という状況。

今取り組めているのは、月に1回坐禅会を開いていることです。これから子供が大きくなって地域とのつながりも更に密になってくると思います。すべて縁です。仏法に真面目に向き合っていれば自ずとそういう機会も増えてくると信じています。まずは自分がしっかりすること。常に精進しなくてはと思います。

7章

死は誰のものか

今日の仏教が葬式仏教と揶揄されて久しい。しかし、前章の亀野氏が述べていた通り、「死を見送る」側の矜恃も当然のことながら存在する。

また、これまでの章で取り上げてきた歴史学としての「死」や、二人とのインタビューを通じて感じたことは、「死」とは個人そのものの問題であるよりは、家族制やコミュニティの問題にも深く関わる、という点である。

死は生きとし生ける者に必ず訪れるものである。何人《なんぴと》も死から逃れることはできない。また、万端準備を調えたとしても死を迎えた者は、自己の身体含め一切合切を他者に委ねなければならないのだ。

時代的な変遷を経て、近代になってから整えられた今日的な「死」の諸相を最後の章では見つめ直し、死を巡る知の旅を終えることとしよう。

死の値段

日本消費者協会は昭和58年（1983）から興味深い調査を行っている。「葬儀についてのアンケート調査」である。葬儀の実態及び消費者の葬儀に関する意識を調査するもので、3年ごとに行われ既に10回ほど実施されている。

平成22年（2010）に行われた第9回のアンケート調査をみてみると、過去3年間の「身内に葬儀のあった人」の葬儀費用はどれくらいだろうか。全国平均で199万8861円で、約200万円である。

その前の回の調査では約230万ほどだったので、約30万コストダウンしていることになる。4章では、近代になって葬儀の奢侈が進んだと指摘した。「葬儀費用は高い」というイメージは多くの日本人が持っているものだろう。しかし具体的にどのようなことに費用がかかるのか、親族に不幸でもない限り、なかなか知る機会も少ない。

そこでまずは、現代の葬儀でかかる費用、言い換えれば「死ぬ時にかかる値段」をみてみよう。

費用が必要となるのは大きく分ければ3つである。

①葬儀社へ払う
②寺院へ払う
③参列者へ払う

これらを更に細かくみれば、棺や骨壺、そして花などの祭壇。搬送などに使う車代、香典返しの準備。式場の利用料、寺への供養や戒名といったお布施。更には墓地の手続きや墓石の購入と、煩雑である。

夏目漱石が幼い娘ひな子を亡くした際の日記に、次のような記述がある。

生きて居るときにはひな子がほかの子よりも大切だと思わなかった。死んでみるとあれが一番可愛いように思う。そうして残った子はいらない様に見える。

(中略)

昨日は葬式今日は骨上げ、明後日は納骨明日はもしかするれば逮夜である。多忙である。然し凡ての努力をした後で考えると凡ての努力が無益の努力である。死を生に変化させる努力でなければ凡てが無益である。こんな遺恨な事はない。

自分の胃にはひびが入った。自分の精神にもひびが入った様な気がする。如何となれば回復しがたき哀愁が思い出す度に起こるからである。(『漱石全集』13巻「日記及び断片」の内、明治44年(1911)12月3日の日記より)

親・兄弟・子などの近親者を亡くした者の思いを殊に著わしている名文といえよう。こうしたように、死に相対する側は、平常心ではいられない。

逆に様々な葬送儀礼があって忙しいからこそ、その瞬間は死から離れられるのかもしれない。とはいえ様々な手続きや煩雑な差配を、葬儀社に一括して依頼できることは、大変メリットがある。

こうした葬儀を執り行う葬儀社は近代になってから誕生したと既に指摘したところだが、詳しくみると大正8年（1919）に東京都において「東京葬祭具営業組合」が発足している。これより前に葬儀社は誕生し、大正の段階で組合化されている。

近代になってから葬儀社が誕生したといっても、全国にすぐに普及したかといえば、否である。明治・大正期には大都市である東京や大阪、名古屋などで葬儀社は用いられていたが、全国的に広がりを見せるのは、第二次世界大戦後である。

葬儀社ができるまで、葬儀では地域のコミュニティが役割を担っていた。「葬儀組」とも呼ばれるコミュニティは、地域によって様々で不幸組や、念仏講、無常講、ケーヤクといった名称で、地域の葬儀を相互補助として行っていた。

この葬儀組が何を行うのか。具体的には、土葬の穴掘りといった野働きや、祭具を調達し葬儀の際に受け付けをしたり、接待する内働きがある。

死者の近親者は、「忌《い》み」となるため、実際の葬儀を段取りし実行したのがコミュニティであった。

これが近代の中で、都市から葬儀社に取って代わられ段々と全国へ広がっていく。今日では葬儀社に頼らず葬儀を行うことはほとんどみられないだろう。

宗教者とは異なった、死を見送るプロといえる。葬儀に関するプロが関わることによって、葬儀と地域コミュニティは切り離されていく。

同時に死者の近親者も、葬儀に何をすればよいのかが継承されなくなっているのが現状であろう。

もう一つ、近代の中で特徴的な葬儀がある。「神葬祭《しんそうさい》」である。

神葬祭とは、神道式で行う葬儀のことである。仏教式で行う葬儀が仏葬。儒教式で行う葬儀を儒葬というが、それらに対する名称といえる。

明治維新がなされ、新政府となると王政復古・神武創業を旗印として様々な政策を行った。大きなものの一つに神祇官の復興がある。維新の思想的なバックボーンとしての役割を国学が担っていたが、その考えのもと、日本古来の宗教思想である神道を、国家の宗教として定めて広く普及させることを新政府は目指した。慶応4年（1868）の3月17日と3月28日に発布された神仏判然令（神仏分離令）によって、古来からの神仏混淆《こんこう》の思想を改めて神と仏を分けることが進められた。同時に神社と寺院も厳密に区別するようになり、寺院にあった神は神社に移される。

この神仏分離の政策の一環として、神道式の葬儀である神葬祭を広めようとした。

前時代である江戸時代にも水戸藩を中心とした国学が盛んな諸藩では、神葬祭が考案さ

『神葬略式』

れ実施されてきたが、それを全国に普及させたのだった。東京の青山墓地は神葬祭を行うための墓地として整備され、神仏判然令によって、僧籍から神官となったもの、また寺院から神社に変わった施設、更には廃寺に追い込まれた寺院の檀家を吸収する形で神葬祭は政権によって強く推し進められた。

　こうした中で、神葬祭が行われるようになるが、本来の葬儀を担当していた仏教とは異なり葬送儀礼を改めて整えて、更には神官に教える必要が生じたのである。上図は神葬祭を行うマニュアルの一部である。

『神葬略式』（明治19年（1886））と題されたこの本は、死者が出てから入棺の次第や、野辺送りの行列までイラスト入りで説明している。

さて、こうした神葬祭を政府を中心として推し進めたわけだが、残念ながら民衆からの強い反発を受けている。それはなぜか。江戸時代までに培われた極楽往生を中心とする「あの世」の思想や祖先祭祀《さいし》に仏教式の葬儀は定着しており、自宅にある仏壇をはじめとする装置など、生活に根付いたものを変更する必要が生じたためである。

そのため、明治5年（1872）には、葬儀の執行に関して神葬祭・仏葬ともに認める太政官布告が発せられた。各地で起きた神葬祭から仏葬への改式要望を認めざるを得ない状況になったため、追認する形で仏葬は容認されたのである。

ただし、今日でも神葬祭は行われており、信教の自由とともに、地域や家が望むスタイルを選択するようになっている。

家族から個人へ

神葬祭や仏葬といった葬送儀礼が選べるようになった明治時代以降、葬儀社の誕生によって、地域の葬儀に関わるコミュニティが衰退したことは既に述べた通りである。

葬儀は、死者のいる家と葬儀社が中心となって執り行い、近隣の住民や関係者は、葬儀に参列するのみとなっていく。

1章でも述べた通り、葬儀の処理としてロベール・エルツは以下の3つをあげている。

①遺躰の処理
②霊魂の処理
③社会関係の処理

見送る側の生者が、死者と別れを告げるものが葬儀である。本来は様々な意味付けを持ち、近親者や、更にいえばコミュニティが一体となって行われた葬儀が、葬儀社の参入によって産業化されていく。特筆すべきは、葬儀社が病院と繋がり注文を受けるようになっていく点である。

また、葬儀の根底には、近親者など「家」の人々が死者を送る側として祖先祭祀を行う、という認識が強くあった。この祭祀の考え方によって、押しつけられた神葬祭は受け入れられなかった地域もある。しかし葬儀が産業化されていくと、そもそも葬儀にお金をかける必要性について見つめ直す考えも生まれてくる。本章の冒頭であげた葬儀費用の低下や、前章の対談でも取り上げたＡｍａｚｏｎの僧侶派遣も大きく関わる問題である。

例えば明治時代を生きたジャーナリストであり、自由民権運動も行っていた中江兆民が唱えた葬式無用論がある。これは葬儀に対する問題意識の早い例といえるだろう。

しかし、それでも明治時代においては、まだ、家族制が強固であり、家の墓を守る、祖先祭祀を続けるという意識があった。これが時代を経るごとに家族制が崩壊し、個人主義の中で、葬儀の個人化が進められて現在に至る。


葬儀の個人化によって、様々な葬送が行われるようになってきたのは、1990年代からである。

例えば、通夜や葬儀といった葬送儀礼を全く行わず、死後に遺躰を火葬する直葬がある。これは火葬と拾骨のみのため、葬送儀礼とは呼べない。葬法の一つといえる。

特定の宗派に拠らない、儀礼要素にとらわれない無宗教葬といった自由葬もある。

これらは、葬送儀礼についてだが、墓についても様々な考えが登場してきた。シングルの人達などが入る合葬墓や共同墓。遺骨を地中に埋め墓標として樹木を植える樹木葬や、墓や納骨堂に遺骨を納めずに、山や海といった自然に撒く自然葬（もしくは散骨葬という）もある。

しかし、遺躰を火葬し遺骨を墓標などに埋葬することが、日本の祖先祭祀の重要なポイントである。そのため自然葬は法律違反ではないかと考えられていた。具体的には刑法190条の死体等遺棄罪や、墓埋法《ぼまいほう》（昭和23年（1948）制定）などである。こうした考えに対して、平成10年（1998）6月に法務省官僚の「（散骨を）希望するものが相当の節度をもって行う場合は、処罰の対象としない」という見解を非公式ながら発表した。

これによって、埋葬するだけではなく、様々な葬法が許容され、個人の意志が尊重されるようになったのである。


家族制の崩壊に伴って、問題視されているのが無縁墓《むえんぼ》である。

日本では子々孫々、永代にわたって墓を継承するのが「伝統的な祖先祭祀」であると考えられてきた。しかし今までの章を読まれた皆さんは、既におわかりのことだろう。墓も決して永遠に守られたり、維持されることは困難だ。

特に少子化や非婚化、また核家族化の進展によって、継承する者のいない墓が急増し全国で問題となっている。同様に大きな問題となっているのが、寺院の継承者不足である。平成27年（2015）11月11日の「中外日報」では、「「空き寺」に忍び寄る危険　寺院の後継者不足は深刻」と題して、「10大宗派6万1789カ寺のうち、少なくとも1万2061カ寺が後継ぎがいないなどで無住、または兼務（代務）寺院である」と指摘している。

地域の寺院の収入の多くは檀家からの布施である。葬儀や供養の際や、墓の維持費などに頼っているが、産業化された葬儀は「目にみえないサービス」と映ってしまうのかもしれない。そのため、所得が少ない寺院を中心に無住や兼務が増えているのだ。

終活の流行

「終活」という言葉を耳にする機会も多くなった。終活とは、自分自身が、死を迎える前に準備を行う活動のことを指す。一般社団法人終活カウンセラー協会の定義によれば終活とは、「人生の終焉を考えることを通じて自分をみつめ今をよりよく自分らしく生きる活動」とある。

自分の葬儀や墓、また財産などの相続といった身辺整理を事前に考えるもので、それらを「エンディングノート」にまとめておく。

葬儀の個人化の最先端の活動といえるもので、平成21年（2009）くらいから広がってきているという。東京や大阪でも「終活フェスタ」が行われている。

入棺や模擬葬儀などを体験できたりするものだ。

死そのものを、他者に任せるのではなく、自分自身で決めていく時代の風潮といえるだろう。

孔子は『論語』において「死」を次のように語っている。

季路問事鬼神、子曰、未能事人、焉能事鬼。曰、敢問死、曰、未知生、焉知死。
（『論語』先進　第十一）

弟子の子路が、鬼神について孔子に問い、更に「死とは何か」を質問している。孔子は、「いまだ生をわかっていないのに、どうして死を理解できるだろうか」と答えている。

生者である限り、自らの死を語ることは不可能である。

先人の宗教者や哲学者であっても、生者として死を語るのみだ。ソクラテスや、パスカルといった西欧の哲学者も死生観を持ち、それを披瀝《ひれき》している。孔子は、わからないものはわからない。そのため、今生きているのだと説いている。

本書では、様々な死に関わる考え方について見つめてきた。

歴史を紐解けば、死を見送る側がどのように、死を受け入れてきたか、その変遷がよく理解できる。

江戸時代までの葬儀から明治時代以降の近代的な葬儀へと変化してきたものの、その根底にあったのは、「埋葬」するということだった。

しかし、個人の死に変化してきた今日において、埋葬もまた変化を迎える岐路にある。

終活にあるエンディングノートなど万端に準備を調えていても、最後は他者に任せるしかないのが「死」であろう。生在る者は、必ず死を迎える。生まれた瞬間から死に向かっていくといってもよい。

死に対するリアリティの闕如については「はじめに」に述べた通りである。古代から近世、そして近代を経て、人間は文化の水準を高めていくに従い、「死」を直接的に見ない、出来るだけ遠ざける環境を整えてきた。しかし、病気や事故のほか、突然やってくる震災などで自らの死や、隣人を失う可能性は避けられない。

特に2011年の東日本大震災や2016年の熊本地震などの未曾有の大災害に際し、われわれはいやがおうにも死に直面し、相対さなければならない現実がある。どう死を乗り越えるか。東北学院大学の震災の記録プロジェクト金菱清（ゼミナール）編の『呼び覚まされる霊性の震災学』といった「どのように死と向きあうか」をフィールドワークに基づき考察した優れた研究も行われている。

また、宮城県気仙沼市のリアス・アーク美術館の常設展には「東日本大震災の記録と津波の災害史」があり、約500点にわたる資料を覧ることができる。そこでは失われた景観や文化、人々の営みの記憶が展示されている。この展示を覧たり、震災の経験者の話を聞くと、死が如何に突然訪れるか、生と死の境界線が実に薄氷のような脆さだということをまざまざと感じさせられる。

改めて、一人ひとりが「死」とは何か、生きるとはなにかを強く意識し、考えなければならない時代が到来したといえよう。

ただ残念ながら、生者は最終的に死を経験するが、死後を知り得ない。だからこそ、歴史を紐解きどのように自らや隣人の死を受け入れてきたのかを見つめ、自らの知の糧とする他ない。歴史を紐解くと「かくあるべき」や「以前からこうだった」というような固定的・普遍的な作法ではなく、生者が受け入れられるため変化する作法や儀式が見えてくる。死は家族やコミュニティに直結するからこそ、時代や地域にあわせた儀式が生み出されてきたといえよう。これからも家族のあり方やコミュニティのあり方の変化によって、死の迎え方と送り方も同じく変化をし続けるだろう。その一助として歴史は鏡となる。

本書では、死を巡る知の旅を行ってきたが、旅を通じて自らや隣人の死をどのように受け入れるか、ひいては如何に悔いなく生きるかを考えて頂ければありがたい。最後は孔子の説く「生」、今をどのように生きていくかの重要性を顧みつつ、旅路を終えよう。

あとがき

論文や史料集、そして大学でのテキストやらコラムやらと多少なりとも文章を書き散らかしてきたが、一般書を書いたのは今回が初めてである。先学に多くを学びつつ、自分なりに死の文化を見つめ直したが如何だっただろうか。

まずはそもそもの話をしておきたい。2014年に同僚の早川克美先生から東京外苑キャンパスで開講している藝術学舎で、何か講義をしないかとお声がけ頂いた。テーマについて相談している中で、改めて死の歴史について考え直したいと思い開講したのが、「死の風景の歴史」という科目である。デザインを専門とされている早川先生のプロデュースでタイトルや構成について思案したものだ。歴史学を専門としていると、なかなか象牙の塔に籠もっているというか専門領域から少しでも外れないようにしてしまう。しかし京都造形芸術大学に着任し、デザイン領域をはじめ美術・工芸など様々なジャンルの先生方の謦咳《けいがい》に接し、視野が広められた気がする。特に早川先生とは時を同じく着任し、豊かな経験や視野の広さに驚かされてばかりだ。相対せるように講義内容を練って開講したところ、望外にも受講してくださる方が多く、また、老若男女問わず幅広い年齢層の方がおり、死に対する関心の高さに改めて感じ入った。

この講座後に藝術学舎の佐藤朋子さんから、講義の書籍化の打診を受けた。あくまで専門ではないので書籍化まではと躊躇したが、我々が死に接して感じる素朴な疑問などを、先学の成果に拠りつつまとめることも意義があることかと思い、引き受けたのが本書である。ちょうど本書の企画の相談をし執筆を進めている最中に、奇しくも二人目の子供の誕生に立ち会うことになった。死の文化について見つめ直していた中で、生を経験することはとても興味深いことだった。物心がついた子供が本書を読んで、自分が生まれた時に父がこうした仕事をしていたのか、よりにもよって「死」か。と思うかもしれないが、死を理解してこそ「生」がある。自分なりに生きるためにも、「死」を理解してもらいたい。

さて、あとがきの冒頭でも書いた通り、本書は一般書としては初めての著作となる。工業高校を出て公務員となり、歴史を学んでいた時にパソコン通信のサークル群雄に出会い、様々な職種に就く歴史好きの友人を得ることができた。また1995年のWindows95の発売に合わせてインターネットが普及し、97年には群雄の友人達と歴史系サイトを公開した。おそらく個人のサイトで学問的に歴史を扱っていた中では古い部類に入るだろう。サイトの公開に際して、願っていたことは歴史に興味を持つ一般の方々と、史料や研究者とを繋げて、難しいと思われている歴史学を誰にでも身近にしたいという点だ。それは仕事を辞め大学院に進み、いつしか研究職についた今でも思いは変わらない。改めてこうした一般書を書く難しさを感じつつも、歴史に興味を持ってもらえるとば口となれば望外の喜びである。

なお、本書を執筆するにあたり、相談に乗って頂いた東京大学史料編纂所の本郷和人さんに改めて謝辞を記し置く。学生の頃から現在に至るまで公私にわたってめんどうをみて頂いている。研究者として一般書を書くことの重要性は、本郷さんから教わった。

また、本書の内容を考えていたときに、僧籍の方からも話を伺いたいと思い、白川くんと亀野さんにご相談させて頂いた。お二人とも快く引き受けて下さり、貴重なインタビューを載せることが出来た。ここでも御礼を申し上げたい。ありがとうございました。

社会人になりたての頃から歴史談義をし、食えない院生時代の困った時に救いの手をさしのべてくれた斎藤尚志さん、田島和彦さん、鈴木稔さん、門田健吾さん、大関寛博さん。また村田洋子さん、後藤直彦くんにも篤く御礼を申し上げる。東京に出てきてから、様々な人のお世話になり、研究を続けることができた。ありがたい限りである。こうした本をアウトプットすることによって多少なりとも恩返しをしていきたいと思う。

まだまだ研究生活は続き、様々な分野に興味をもってアウトプットする機会もあるだろう。また再会してくださることを願って、本書の終わりとしたい。

野村朋弘拝

ちくま学芸文庫、2001 年
歴史民俗研究会編『歴史民俗学極楽行きのノウハウ』批評社、2001 年
新谷尚紀編『講座　人間と環境　第 9 巻　死後の環境－他界への準備と墓』昭和堂、1999 年
土井卓治『葬送と墓の民俗』岩田書院、1997 年
芳賀登『葬儀の歴史』雄山閣、1996 年
梅原猛『日本人の「あの世」観』中央公論社、1993 年
戸田芳実編『中世の生活空間』有斐閣、1993 年
新谷尚紀『日本人の葬儀』紀伊國屋書店、1992 年
新谷尚紀『両墓制と他界観』吉川弘文館、1991 年
フィリップ・アリエス著、成瀬駒男訳『死を前にした人間』みすず書房、1990 年
千々和到『板碑とその時代－てぢかな文化財・みぢかな中世』平凡社、1988 年
梶村昇『日本人の信仰－民族の〈三つ子の魂〉』中央公論社、1988 年
今野信雄『江戸の旅』岩波書店、1986 年
文化庁編『日本民俗地図〈7〉葬制・墓制』国土地理協会、1980 年
笠原一男・小栗純子『生きざま死にざま－日本民衆信仰史』教育社、1979 年
安丸良夫『神々の明治維新－神仏分離と廃仏毀釈』岩波書店、1979 年
小沢国平『板碑入門』国書刊行会、1978 年
笠原一男『日本史にみる地獄と極楽』NHK 出版、1976 年
大林太良『葬制の起源』角川書店、1965 年
石田瑞麿訳『往生要集』全 2 巻　平凡社、1963 年
後藤守一『墳墓の変遷』雄山閣、1932 年

参考文献一覧

文中にて言及した研究をはじめとして、執筆に際して多くの文献から教示を受けた。ここで文献を列挙し、改めて謝意を表す。なお、年次の新しいものから順に示した。また文中で紹介した史資料は、該当箇所に出典や所蔵機関を表記し、ここでは原則省略する。

東北学院大学震災の記録プロジェクト・金菱清（ゼミナール）編『呼び覚まされる霊性の震災学』新曜社、2016年
小谷みどり『だれが墓を守るのか』岩波書店、2015年
新谷尚紀『葬式は誰がするのか　葬儀の変遷史』吉川弘文館、2015年
森謙二『墓と葬送のゆくえ』吉川弘文館、2014年
互助会保証株式会社・全日本冠婚葬祭互助協会編『冠婚葬祭の歴史』水曜社、2014年
文化庁編『宗教年鑑　平成25年版』ぎょうせい、2014年
土生田純之編『事典墓の考古学』吉川弘文館、2013年
勝田至編『日本葬制史』吉川弘文館、2012年
烏鵲坊『考古幻想－墓塔を訪ねて』日本史史料研究会、2012年
『Death Zine』Momongabox、2012年
菊地章太『葬儀と日本人－位牌の比較宗教史』筑摩書房、2011年
井上順孝『宗教学』日本実業出版社、2011年
藤井正雄『現代人の死生観と葬儀』岩田書院、2010年
新谷尚紀『お葬式　死と慰霊の日本史』吉川弘文館、2009年
水藤真『中世の葬送・墓制－石塔を造立すること』吉川弘文館、2009年
三井記念美術館・明月記研究会共編『国宝　熊野御幸記』八木書店、2009年
千々和到『板碑と石塔の祈り』山川出版社、2007年
山川均『石造物が語る中世職能集団』山川出版社、2006年
袴谷憲昭『日本仏教文化史』大蔵出版、2005年
高橋繁行『葬祭の日本史』講談社、2004年
勝田至『死者たちの中世』吉川弘文館、2003年
曹洞宗総合研究センター編『葬祭』、2003年
国立歴史民俗博物館編『葬儀と墓の現在－民俗の変容』吉川弘文館、2002年
後藤昭雄『天台仏教と平安朝文人』吉川弘文館、2002年
山折哲雄『死の民俗学－日本人の死生観と葬送儀礼』岩波書店、2002年
ローベル・エルツ著、吉田禎吾・内藤莞爾訳『右手の優越－宗教的両極性の研究』

著者プロフィール

野村朋弘（のむら ともひろ）

1975年北海道生まれ。國學院大學大学院で日本史学を専攻。京都造形芸術大学准教授。

幼少の頃から歴史好き。しかし「歴史では食べていけない」といわれ工業高校に進学。上京し郵便局員として仕事をしつつ、大学で日本中世史を専攻。大学院進学にあわせて公務員を辞め、それからは持って生まれた器用貧乏さで、さまざまな領域に迷い込む。2012年より専任講師。2015年より現職。編著に『金沢北条氏編年資料集』（八木書店）、『日本文化の源流を探る』（幻冬舎）など。

藝術学舎設立の辞

京都造形芸術大学　東北芸術工科大学　創設者　德山詳直

2011年に東日本を襲った未曾有の大地震とそれに続く津波は、一瞬にして多くの尊い命を奪い去り、原発事故による核の恐怖は人々を絶望の淵に追いやっている。これからの私たちに課せられた使命は、深い反省による人間の魂の再生ではなかろうか。

我々が長く掲げてきた「藝術立国」とは、良心を復活しこの地上から文明最大の矛盾である核をすべて廃絶しようという理念である。道ばたに咲く一輪の花を美しいと感じる子供たちの心が、平和を実現するにちがいないという希望である。

芸術の運動にこそ人類の未来がかかっている。「戦争と平和」「戦争と芸術」の問題を、愚直にどこまでも訴え続けていこう。これまでもそうであったように、これからもこの道を一筋に進んでいこう。

藝術学舎から出版されていく書籍が、あたかも血液のように広く人々の魂を繋いでいくことを願ってやまない。

死《し》を巡《めぐ》る知《ち》の旅《たび》

2016年7月13日　第1刷発行

著　　者　野村朋弘（のむらともひろ）
発 行 者　德山　豊
発　　行　京都造形芸術大学 東北芸術工科大学 出版局 藝術学舎
〒107-0061　東京都港区北青山1-7-15
TEL 03-5269-0038　FAX 03-5363-4837
発　　売　株式会社 幻冬舎
〒151-0051 東京都渋谷区千駄ヶ谷4-9-7
TEL 03-5411-6222　FAX 03-5411-6233
印刷･製本　図書印刷株式会社

JASRAC 出 1606024-601

ISBN 978-4-344-95305-5